Aliments pour brûler les gras

Aliments pour brûler les gras

Dre Caroline M. Shreeve

 **Broquet**

97-B, Montée des Bouleaux
Saint-Constant, Qc, J5A 1A9
Tél.: 450-638-3338 Téléc.: 450-638-4338
Site internet: www.broquet.qc.ca / Courriel: info@broquet.qc.ca

Catalogage avant publication de Bibliothèque
et Archives nationales du Québec et Bibliothèque
et Archives Canada

Shreeve, Caroline

Aliments pour brûler les gras

(Collection À propos)
Traduction de: Fat-burner foods.
Comprend un index.

ISBN 978-2-89000-873-1

1. Perte de poids. 2. Régimes amaigrissants -
Recettes. 3. Régimes hypolipidiques - Recettes.
I. Titre.

RM222.2.S5714 2007   613.2'5   C2007-941130-4

POUR L'AIDE À LA RÉALISATION DE SON PROGRAMME ÉDITORIAL, L'ÉDITEUR
REMERCIE : le Gouvernement du Canada par l'entremise du
Programme d'Aide au Développement de l'Industrie de l'Édition
(PADIÉ) ; La Société de Développement des Entreprises
Culturelles (SODEC) ; L'Association pour l'Exportation du Livre
Canadien (AELC). Le Gouvernement du Québec - Programme de
crédit d'impôt pour l'édition de livres Gestion SODEC.

Titre original : Fat-burner Foods
Première publication en Grande Bretagne en 2002 par
Hamlyn, une division de Octopus Publishing Group Ltd
2–4 Heron Quays, Londre E14 4JP

Copyright © Octopus Publishing Group Ltd 2002
Texte © 2002 Dre Caroline M. Shreeve

Pour l'édition en langue française :
Tous droits réservés © Broquet Inc., Ottawa 2007
Dépôts légal - Bibliothèque et archives nationales du Québec
3e trimestre 2007

Traduction : Patricia Ross
Révision : Marcel Broquet, Lise Lortie
Directrice artistique : Brigit Levesque
Infographie : Marie-Claude Levesque

Imprimé en Chine

ISBN 978-2-89000-873-1

REMARQUES :

Les mesures standard de cuillerée utilisées dans toutes les recettes
sont les suivantes :
1 cuillerée à soupe = une cuillère de 15 ml
1 cuillerée à thé = une cuillère de 5 ml

Les quantités sont données en unités métriques et impériales.
Il est préférable d'utiliser un seul système de mesure, et non
les deux.

Le four devrait être préchauffé à la température indiquée. Si vous
utilisez un four ventilé, suivez les indications du manufacturier
afin d'ajuster la température et le temps de cuisson. Le grill
devrait être également préchauffé.

Les œufs bio utilisés devraient être de grosseur moyenne, sauf
indication contraire.

Sauf indication contraire, des herbes fraîches devraient être
utilisées. Sinon, les remplacer par des herbes séchées, en
quantités réduites de moitié.

Le poivre devrait être fraîchement moulu, sauf indication contraire.

Quelques recettes incluent des noix et des produits dérivés de
noix. Les personnes allergiques aux noix doivent éviter ces
recettes.

Le livre *Aliments pour brûler les gras* a été rédigé pour être
à la fois un ouvrage de référence générale ainsi qu'un livre de
recettes pouvant aider les personnes désireuses de perdre du
poids. Toutefois, nous vous encourageons fortement à consulter
un professionnel de la santé avant d'entreprendre le régime
d'amaigrissement afin de vous assurer que celui-ci vous
convienne.

Bien que toutes les précautions aient été prises au cours de la
préparation de ce livre, ni les éditeurs, ni les rédacteurs, ni
l'auteure ne sauraient être tenus responsables pour toutes
conséquences découlant de l'utilisation de l'information contenue
dans cet ouvrage.

Table des matières

Introduction

DES FAITS SUR LE GRAS

Avoir un surplus de poids peut repré-senter un fardeau insupportable. Notre apparence influence fortement notre manière de nous sentir. Certaines personnes diront que leurs rondeurs en offrent « plus à aimer » et je les crois sincères, mais pour la plupart d'entre nous, être corpulent est notre pire cauchemar. Nous ne demandons pas à être des canons de beauté, mais simplement à présenter notre corps sous son jour le plus favorable.

Aussi longtemps que nous suivons un régime à la lettre, il peut nous faire perdre de la graisse. Mais la joie d'avoir atteint notre poids cible nous fait parfois oublier les efforts qu'il a fallu y mettre. Tôt ou tard, nous relâchons notre vigi-lance et nous reprenons nos anciennes routines alimentaires. Cela n'a rien d'étonnant. Après tout, ne sommes-nous pas des êtres d'habitude, toujours prêts à rechercher la satisfaction immédiate ? Hélas, la frustration de voir réapparaître les kilos perdus peut nous entraîner dans un éprouvant cycle yo-yo où tantôt nous nous empiffrons et tantôt nous nous laissons mourir de faim. Résultat : nous avons plus de kilos à perdre à la fin qu'au début.

Ce qui donne lieu à l'idée préconçue selon laquelle les régimes nous font grossir. Rien n'est plus faux ! Nous ne parvenons pas à perdre du poids de façon permanente à cause des méthodes inadéquates que nous choisissons pour nous débarrasser de notre excès de graisse. Lorsque la faim nous tenaille et que nos aliments favoris commencent à nous manquer, nous finissons inévita-blement par succomber à la tentation. Ajoutons à cela une faible estime de soi et la conviction secrète que nous ne perdrons jamais vraiment le poids que nous souhaitons perdre et nous voilà en route pour l'échec.

COMPRENDRE LE « SURPOIDS »

Pour perdre du poids, nous devons dépenser plus d'énergie que nous n'en prenons de l'alimentation. Pour bon nombre d'entre nous, il faudra surveiller ce que nous mangeons, c'est-à-dire éviter les goûters réconfortants, réduire notre consommation d'aliments sucrés et gras, et augmenter nos activités phy-siques. Mais pour certaines personnes ayant un important excès de poids, le régime le plus strict n'a que peu d'effet. À vrai dire, aucune étude n'est jamais parvenue à démontrer que les per-sonnes obèses mangent plus que les personnes de poids normal, ce qui a amené des chercheurs à désigner d'autres facteurs que le régime alimen-taire pour expliquer la résistance de cette graisse corporelle à s'éliminer.

Des découvertes récentes imputent à la constitution génétique jusqu'à 80 % des variations de la masse adipeuse qui existe entre différents individus. On retrouve une caractéristique héréditaire chez un certain nombre de personnes très en surpoids et qui affecte l'utilisation que fait l'organisme des calories, particulièrement lorsque la consommation alimentaire est réduite. Bon nombre de personnes suivant un régime ont vécu l'expérience frustrante de cesser de perdre du poids même si elles jeûnaient pendant des heures et absorbaient moins de calories que le minimum requis, et ce, sur une période prolongée. (Notons que le nombre minimum de calories requis quotidiennement peut varier d'un individu à un autre, mais il est environ de 1000 à 1200 pour une femme et de 1200 à 1500 pour un homme.)

Sentant la privation imminente de nourriture, l'organisme s'y prépare en s'accrochant à ses réserves de graisse et en utilisant l'énergie qu'il tire de la nourriture pour la production de chaleur, la digestion et le maintien des autres fonctions vitales. de manière aussi économe que possible. Ce trait héréditaire spécifique rend certaines personnes en excès de poids plus sensibles que d'autres à un apport alimentaire réduit ; leur métabolisme sensible se met au ralenti dès qu'elles essaient de diminuer leurs portions.

Nous utilisons environ 60 % de l'énergie que nous procure l'alimentation pour maintenir nos fonctions vitales au ralenti quand nous sommes au repos ; c'est ce que l'on appelle le métabolisme de base (MB). La personne sédentaire de constitution moyenne utilise encore 20 % de l'énergie alimentaire en pratiquant des activités physiques. Mais lorsqu'une personne de poids normal ou en surpoids devient plus active et fait régulièrement de l'exercice, son métabolisme général, y compris son MB, peut être augmenté jusqu'à 18 heures après l'exercice.

Le gène de l'obésité, découvert en 1994 et appelé le gène ob, constitue un autre lien génétique bien documenté. Il déclenche une protéine, la leptine, sécrétée dans les tissus adipeux, qui agit sur le centre de contrôle de l'appétit situé dans le cerveau, indiquant à l'organisme qu'il n'a plus besoin de manger. La plupart d'entre nous connaissons cette sensation d'être rassasié à la fin d'un repas.

LES DANGERS D'UN SURPLUS ADIPEUX

Il se peut que vos difficultés à perdre du poids soient d'ordre génétique, ce qui ne veut pas dire que vous devriez vous joindre à la brigade des « Joyeux grassouillets » et faire de la réclame pour les fortes tailles. Il peut être dangereux d'encourager l'obésité (qui se définit

comme une surcharge pondérale représentant 20 % ou plus de votre poids corporel idéal). Elle représente des risques accrus de troubles cardiaques et de problèmes liés au système circulatoire, tels que l'hypertension artérielle, le cholestérol élevé, les accidents vasculaires cérébraux, les crises cardiaques, la thrombose veineuse profonde (un caillot dans la veine cave qui circule dans le système sanguin vers les poumons et qui est souvent mortelle). Les maladies vésiculaires et les reflux gastriques (brûlures d'estomac) sont plus fréquents chez les personnes en surpoids. En outre, certaines femmes ont des règles irrégulières et connaissent des problèmes d'infertilité. On associe également au surpoids le diabète de type 2 (qui affecte habituellement les personnes en surpoids et les adultes d'âge mûr), le ronflement et l'apnée du sommeil (une interruption de la respiration durant le sommeil, qui représente un risque additionnel de crise cardiaque et d'accident vasculaire cérébral).

Les cancers liés à l'obésité sont aussi monnaie courante. Mentionnons le cancer du gros intestin, de la prostate, du col de l'utérus, du sein et des ovaires. Par ailleurs, les personnes en surpoids souffrent plus sévèrement que les autres de problèmes orthopédiques tels que maux de dos chroniques, sciatiques, arthrite dans les articulations portantes, comme les genoux, les chevilles et les articulations des pieds.

LES ALIMENTS POUR BRÛLER LES GRAS COMME SOLUTION…

Il fallait tôt ou tard trouver une réponse au problème que pose le faible taux de dépense énergétique que l'on observe chez les personnes souffrant d'obésité. À l'instar de centaines de médecins et de nutritionnistes, j'avais creusé ce problème pendant un certain nombre d'années et je n'avais trouvé que quelques réponses. Jusqu'au jour magique où un patient du nom de Jœ L. est entré dans mon cabinet de consultation, et m'a tendu une feuille de papier.

« Docteur, j'ai pensé que ça pourrait vous intéresser ». Ma femme et moi sommes allés en Australie-Occidentale pour un mariage dans la famille et nous avons visité mon cousin Bob, qui attend une opération au cœur. On lui avait fait suivre ce régime pour lui permettre de perdre du poids rapidement et sans risque avant de subir un pontage coronarien. C'était il y a trois mois. Depuis, il a perdu 24 kilos et les médecins sont très satisfaits. Il va être opéré la semaine prochaine et il dit qu'il ne s'était pas senti aussi en forme depuis des années. Intriguée, j'ai étudié le régime alimentaire de sept jours basé sur deux versions d'un potage nutritif et nourissant,

attribué à deux hôpitaux de Perth en Australie-Occidentale. J'ai tenté sans succès de discuter du régime avec l'un et l'autre de ces hôpitaux. Les cardiologues et le personnel médical à qui j'ai parlé étaient très peu loquaces et j'ai eu l'impression qu'on avait bel et bien prescrit ce régime au cousin de Jœ, mais qu'il s'agissait d'un traitement d'exception. Il existe plusieurs explications à ce phénomène et j'estime que la plus probable est celle-ci : la plupart des médecins et des nutritionnistes savent qu'il est parfaitement possible de faire perdre rapidement beaucoup de poids à un patient quand il est important de le faire ; par exemple avant une opération nécessaire à la survie du patient. Mais peu d'entre eux acceptent d'approuver publiquement un régime qui va à ce point à l'encontre des directives habituelles en matière de nutrition.

Quelle que fut l'origine de ce régime d'amaigrissement, j'avais sous la main sept patients ayant un important surplus de poids et qui désespéraient de perdre ce surpoids. J'ai décidé de leur proposer un essai. Six patients ont accepté sur-le-champ. Je surveillais leur progrès une fois par semaine. Tout au long de l'essai, j'ai scruté la diète en m'intéressant particulièrement à la propriété de ce régime de brûler la graisse. J'avais déjà fait des recherches sur l'utilisation d'un régime alimentaire pour accélérer un métabolisme lent (par exemple chez les obèses). Il semble que cela a marché ! Mes « cobayes » furent enchantés des résultats et ont affirmé n'avoir jamais ressenti la faim. D'autres recherches m'ont menée par la suite à élaborer le Régime d'amaigrissement aux aliments pour brûler les gras, parfaitement au point, et qui prévoit consécutivement un Régime d'amaigrissement rapide pendant 14 jours, suivi d'un Régime de stabilisation du poids d'une durée de 14 jours. Ce dernier propose un choix élargi d'aliments et encourage l'adoption de saines habitudes alimentaires. Le régime complet marche parce qu'il augmente le taux de graisse brûlée par l'organisme.

S'il a parfaitement fonctionné pour 78 % des personnes que j'ai traitées, je suis convaincue qu'il peut réussir aussi pour vous.

Dre Caroline M. Shreeve

▶ Ingrédients du succès

▶ Alimentation saine, nutritive et sensée

▶ Perte de graisse rapide et astucieuse

▶ Aliments nourrissants que l'on
   trouve partout

▶ Menus simples et adaptables

▶ Alimentation santé pour la vie

▶ Établir votre objectif…

▶ Mesurer la perte de graisse

1 Brûler les tissus adipeux

Ingrédients du succès

Vous avez sûrement déjà entendu des expressions comme « il n'y a pas de mauvais enfants, il n'y a que de mauvais parents » ou encore « il n'y a pas de chiens méchants, il n'y a que des maîtres mal foutus ». On serait tenté d'ajouter qu'il n'y a pas de mauvais adhérents à un régime, il n'y a que des régimes inappropriés. Bien sûr, ces dictons sont largement injustes dans bien des cas, mais tous contiennent un élément de vérité et c'est pourquoi j'ai conçu le Régime d'amaigrissement aux aliments pour brûler les gras (ABG).

LE SUCCÈS DU RÉGIME EST BASÉ SUR :

- une alimentation saine, nutritive et sensée
- une perte de graisse rapide et astucieuse
- un choix varié d'aliments nourrissants et que l'on trouve partout
- des menus simples et adaptables et aucun décompte de calories
- des conseils pour une alimentation saine à vie.

Alimentation saine, nutritive et sensée

Les glucides, les graisses, les protéines, les fibres, les vitamines, les minéraux et les oligoéléments sont tous essentiels à la santé humaine. Bon nombre d'aliments quotidiens et communs qui fournissent ces substances nutritives accélèrent aussi le processus de combustion des graisses ; les deux semaines du Régime d'amaigrissement d'aliments pour brûler les gras (voir chapitre 3) sont basées sur une sélection de ces aliments, dont le choix est limité.

Les légumes frais forment la base du régime et l'on peut en manger librement en tout temps. Le riz complet, les jus de fruits, le lait et les produits laitiers, la viande et la volaille fournissent des glucides, des protéines et un peu de graisse pendant une période de sept jours ; la deuxième semaine est une répétition de la première. Les menus du Régime d'amaigrissement rapide apportent le soutien nutritionnel nécessaire pour la période complète de deux semaines.

Au cours des deux semaines qui suivent le Régime d'amaigrissement rapide, vous suivez le Régime de stabilisation que vous avez choisi (voir chapitres 4 et 5), qui permet de consommer une gamme étendue d'aliments et vous aide à équilibrer votre organisme en fonction de votre nouveau poids.

Perte de graisse rapide et astucieuse

Une perte de poids peu satisfaisante et le plateau tant redouté qui survient quand les kilos en trop refusent de lâcher prise sont les causes les plus fréquentes d'échec des régimes amaigrissants. J'ai conçu le Régime ABG pour que ces problèmes puissent être surmontés, et mes patients ont perdu jusqu'à 8,5 kg (19 lb) pendant les 14 premiers jours du Régime d'amaigrissement rapide. Parmi eux, 78 % ont maintenu leur nouveau poids (ou ont continué d'en perdre un peu) avec le Régime de stabilisation et ont perdu jusqu'à 15,5 kg (34 lb) en répétant le cycle (14 autres jours avec le Régime d'amaigrissement rapide. Fait remarquable : la perte de poids substantielle observée chez les personnes qui ont suivi le régime ne s'est pas limitée aux plus jeunes et aux plus actifs, mais s'est produite dans toutes les couches d'âge. Les facteurs qui ont contribué à ce succès incluaient l'observance du régime et le nombre considérablement réduit de tentations de succomber. Ce n'est pas si difficile lorsque l'on suit le Régime d'amaigrissement rapide d'aliments pour brûler les gras, pendant seulement 14 jours à la fois.

La plupart des nutritionnistes recommandent de perdre 0,45 kg (1 lb) par semaine. Ce rythme aboutirait à une perte de 23,6 kg (52 lb) en une année, ce qui apparaîtra irréaliste aux yeux de millions de personnes en surpoids qui, si elles doivent apporter des changements majeurs à leur mode de vie pour atteindre leur poids idéal, voudront des preuves plus immédiates de l'efficacité du régime amaigrissant qui leur apportera la minceur tant souhaitée. L'idée de se voir svelte dans un an seulement est un bien mince encouragement pour la personne qui voudrait perdre du poids à temps pour un mariage, une fête ou une occasion spéciale qui aura lieu dans trois mois.

La perte de poids rapide est souvent considérée comme insatisfaisante. On l'attribue principalement à une perte d'eau et le poids perdu est rapidement repris une fois que l'on revient à l'alimentation normale. Elle est aussi dangereuse en raison du risque de destruction du tissu musculaire. Si tel est le cas, pourquoi ai-je conçu un régime qui permet de perdre 8,5 kg (19 lb) dans les 14 premiers jours et d'en perdre autant chaque fois que l'on suit le Régime d'amaigrissement rapide par la suite ?

Premièrement, le Régime d'amaigrissement ABG fait vraiment fondre le surplus de graisse. L'organisme perd naturellement un peu de liquide au début de la réduction adipeuse, mais cette perte d'eau ne saurait être responsable à elle seule de la perte de poids spectaculaire qui survient avec le Régime d'amaigrissement rapide. Tous mes patients ont bu quotidiennement leurs huit grands verres d'eau et aucun n'a souffert d'insuffisance rénale ni n'est devenu déshydraté ou, au contraire, saturé d'eau !

Deuxièmement, le choix et la combinaison d'aliments proposés par le Régime d'amaigrissement rapide encouragent l'organisme à brûler sa propre graisse plutôt que de s'attaquer au tissu musculaire. Quand nous diminuons notre consommation de glucides et de gras au-delà du nombre de calories requis par notre organisme, ce dernier se tourne vers ses propres

13

réserves de graisses pour tirer son énergie. Il devient, en fait, une machine à brûler la graisse Quand nous mettons en marche le Régime d'amaigrissement rapide, qui est constitué en grande partie d'aliments végétaux et de protéines, nous déclenchons un processus métabolique appelé la cétose. Essentiellement il arrive ceci : une partie de la graisse provenant de nos réserves adipeuses est complètement brûlée, ce qui mène à la production de déchets appelés les corps cétoniques. Ces corps cétoniques sont éliminés par les reins et leur présence dans les urines (que l'on peut déceler à l'aide d'un test rapide sur bandelette) est une indication que le processus de combustion des graisses est entré en mode accéléré. La cétose bénigne agit pour refréner l'appétit et provoque un sentiment d'énergie accrue et de bien-être.

Étude de cas

Polly G, femme au foyer âgée de 36 ans et mère de deux enfants, avait un surpoids de 54,5 kg (120 lb) lorsqu'elle est venue me consulter; cette démarche était pour elle un véritable supplice Aucun régime ne lui avait réussi par le passé et elle n'osait plus espérer en trouver un qui pourrait vraiment l'aider. Le Régime d'amaigrissement ABG était son dernier recours. Bien entendu, sa tension artérielle et son taux de cholestérol sanguin étaient élevés et elle avait présenté des symptômes de diabète précoce lors de sa troisième et dernière grossesse. Son indice de masse corporelle (IMC) était de 34. Elle avait commencé le Régime d'amaigrissement rapide et notait son poids quotidiennement. Je la voyais une fois par semaine pour enregistrer sa progression.

Polly a perdu 3,5 kg (8 lb) en moyenne par semaine avec le Régime d'amaigrissement rapide et un kilo (2 lb) par semaine avec le Régime de stabilisation. Au bout d'un mois (soit une quinzaine de jours pour chacun des régimes), elle avait perdu 9,5 kg (21 lb) et il lui a fallu à peine six mois pour perdre complètement son embonpoint. Son taux de cholestérol, sa tension artérielle et sa tolérance au glucose étaient redevenus normaux et son IMC avait baissé à 24. Elle a recommencé à jouer au badminton et s'est remise à la marche rapide avec assiduité. Elle se sentait rajeunie de dix ans et elle en avait l'air.

Aliments nourrissants que l'on trouve partout

Il n'y a rien de compliqué concernant les aliments que vous mangerez pendant que vous serez occupé à brûler de la graisse. Vous trouverez un grand nombre de vos aliments favoris dans les plans de menus et les recettes et il se pourrait que vous en ayez déjà quelques-uns dans votre réfrigérateur ou votre garde-manger. Vous pouvez combiner des fruits et des légumes frais, de la viande, du poisson et de la volaille dans vos recettes favorites pour stimuler la capacité de votre organisme à brûler la graisse. Vous ne ressentez jamais la faim avec le Régime d'amaigrissement ABG. Le Régime d'amaigrissement rapide vous encourage à manger autant de légumes frais que vous le souhaitez, qu'ils soient crus ou légèrement cuits, tandis que le Régime de stabilisation inclut une vaste gamme d'aliments pour brûler les gras incorporés dans des recettes alléchantes et des menus qui vous aideront à tirer le maximum de leur propriété.

Menus simples et adaptables

Rares sont ceux qui suivent un régime dans l'isolement. Il se trouve souvent une famille dont il vous faut prendre soin et, même si vous vivez seul, il y a toujours les lunches à préparer, les repas à l'extérieur, les vacances et les loisirs dont il faut tenir compte.

Vous devez être complètement et uniquement concentré sur le Régime d'amaigrissement rapide, mais vous ne le suivez que 14 jours à la fois. Et le Régime de stabilisation fournit une foule d'idées de menus adaptables à toutes les situations.

Nul besoin d'être un cordon-bleu pour adhérer au régime. Les recettes sont très faciles à suivre et requièrent relativement peu de mesurage ou de pesée d'ingrédients. Il n'y a aucun décompte de calories non plus. Le secret consiste à connaître les aliments qui aident à brûler la graisse et à savoir comment et quand les manger.

Alimentation santé pour la vie

Pour bon nombre d'entre nous, trop d'indulgence envers nous-mêmes par le passé nous a fait accumuler les kilos. Nous savons qu'il nous faudra manger différemment à l'avenir afin de maintenir notre nouveau poids. Le Régime de stabilisation vous aidera à y parvenir en introduisant dans les recettes un large éventail d'aliments pour brûler les gras que vous pouvez continuer de consommer pour maintenir votre poids cible.

15

Établir votre objectif . . .

Établir un objectif spécifique lorsqu'on planifie de perdre du poids améliore grandement les chances de succès. De vagues souhaits, tels que : « j'aimerais être en meilleure santé » ou : « je crois que je vais perdre quelques kilos » ont tendance à s'accompagner d'efforts peu enthousiastes et à produire des résultats médiocres. Soyez clair avec vous-même sur ce que vous vous apprêtez à accomplir avant d'entreprendre le Régime d'amaigrissement ABG. Notez votre projet sur un bout de papier que vous placerez bien en vue et que vous relirez plusieurs fois par jour. Des phrases comme : « je vais perdre 6,25 kg (14 lb) » ou : « je vais réduire mon poids pour pouvoir porter des robes trois tailles au-dessous » déclencheront une pensée positive essentielle à l'épanouissement personnel.

Les affirmations et les déclarations positives que vous vous adressez sur vous-même ou sur vos intentions vous aident beaucoup plus que vous ne pourriez le croire à atteindre votre but. Elles fonctionnent en s'imprimant dans votre subconscient par la répétition régulière. Il s'agit de les énoncer, de les lire ou, idéalement, de les écrire encore et encore.

Vous pouvez même les enregistrer verbalement et les écouter au moment où vous êtes le plus ouvert à leur influence suggestive, par exemple lorsque vous venez juste de vous réveiller et êtes encore somnolent, ou encore lorsque vous êtes sur le point de vous endormir. Faites ce qui vous convient le mieux.

Si vous êtes sincère dans vos affirmations et que vous voulez réellement les réaliser, alors vous y arriverez. Elles requièrent un peu de discipline, mais leurs avantages en général dépassent largement le temps et les efforts consacrés. Lorsque vous vous répéterez verbalement ces affirmations, regardez-vous dans un miroir, souriez et parlez avec sincérité. Voici quelques idées pour vous aider à commencer.

- « J'adore la vie ! »

- « Je m'aime ! »

- « Je suis une personne capable et déterminée ! »

- « Je reprends la forme et la santé ! »

- « Mon organisme est en train de brûler de la graisse ! »

- « J'amincis chaque jour ! »

Mesurer la perte de graisse

Vous pouvez mesurer votre réduction de graisse plutôt que votre perte de poids en utilisant un adipomètre de plastique, qui mesure l'épaisseur de la couche adipeuse à divers endroits du corps. Vous pouvez également vous servir de l'Indice de masse corporelle ou IMC (voir encadré ci-dessous). Les adipomètres (ou compas d'épaisseur), peu coûteux, sont vendus dans la plupart des pharmacies. Ils viennent habituellement avec un tableau indiquant les épaisseurs adipeuses normales et celles qui ne le sont pas. Cependant, ces appareils ont tendance à pincer la peau et vous devrez demander de l'aide pour prendre des mesures à des endroits inaccessibles de votre corps, comme le haut du dos.

Utiliser un appareil de contrôle de la masse adipeuse personnalisé constitue probablement la manière la plus facile de mesurer votre graisse corporelle. Comme la masse adipeuse dépend des particularités de chaque individu, vous devrez indiquer des données détaillées sur votre taille, votre âge et votre sexe, et vous devrez préciser si vous êtes un athlète ou si vous avez des habitudes sédentaires, de manière à obtenir des mesures aussi précises que possible.

Indice de masse corporelle (IMC)

L'obésité se caractérise par une surcharge pondérale de 20 % ou plus au-dessus du poids normal. Elle fait généralement référence à un surplus de tissus adipeux. Selon cette définition, il est techniquement possible d'être en surpoids, même en l'absence du « pneu de secours » ou des « poignées d'amour ». Les tissus musculaires étant plus lourds que les tissus adipeux, les culturistes et les athlètes ont souvent un poids très supérieur à celui d'autres personnes du même sexe et du même gabarit. Personne, cependant, ne les qualifierait d'obèses. À l'opposé, il existe aussi des personnes apparemment minces et qui pourtant traînent des épaisseurs de graisse en surplus.

L'indice de masse corporelle (IMC) est un indicateur du surplus de graisse dans l'organisme plus précis que ne le sont les mesures en kilos ou en livres, et l'on peut dire que les athlètes très musclées – et les personnes qui ont hérité d'une constitution physique hors du commun – seraient l'exception qui confirme la règle. Vous pouvez calculer votre indice de masse corporelle comme suit :

IMC = la masse (en kilogrammes)
÷ par le carré de la taille (en mètres)
ou
la masse (en livres) x 700
÷ par le carré de la taille (en pouces)

Par exemple, le calcul pour une personne pesant 80 kg (176 lb) et mesurant 1,60 m (63 po) se ferait comme suit :

IMC = $80 \div (1{,}60 \times 1{,}60) = 31{,}2$
ou
IMC = $176 \times 700 \div (63 \times 63) = 31{,}1$

Catégories de poids en fonction de l'indice de masse corporelle (IMC)

CATÉGORIE	IMC
Maigreur	moins de 19
Normal	20 à 25
Surpoids	26 à 30
Obésité	plus de 30

▶ **Accélérer la combustion des graisses**

▶ **Effet thermogène des protéines**

▶ **Aliments à calories négatives**

▶ **Glucides**

▶ **Indice glycémique**

▶ **Gras alimentaires**

▶ **Iode et chrome**

▶ **Acide hydroxycitrique**

▶ **Aliments pour brûler les gras**

2 Comment fonctionnent les aliments pour brûler les gras

Accélérer la combustion des graisses

Les aliments pour brûler les gras et le métabolisme humain sont des sujets hautement complexes que les scientifiques de la nutrition n'ont pas encore fini d'explorer. C'est pourquoi les comptes rendus scientifiques que nous présentons ici sont forcément simplifiés et incomplets.

L'on peut consommer certains aliments et adopter des habitudes alimentaires qui permettent d'accélérer la combustion des graisses, soit directement en favorisant « la fusion » des surplus adipeux de l'organisme, soit indirectement en réglant avec précision l'utilisation de l'énergie. Les protéines, par exemple, augmentent sensiblement le taux métabolique (l'allure à laquelle nous utilisons le carburant alimentaire), créant de la chaleur et brûlant beaucoup plus de calories que de glucides ou de graisse. Les aliments à calories négatives sont des aliments qui utilisent plus de calories dans leur processus d'assimilation dans l'organisme qu'ils n'en fournissent. Certains glucides (ceux qui produisent le moins d'effet sur le taux de glycémie) nous aident à brûler les aliments que nous consommons plutôt que d'en emmagasiner le

gras. Des combinaisons particulières, par exemple des aliments protéiques et des aliments à calories négatives, peuvent être utilisées pour mobiliser des dépôts de graisse et les convertir en énergie, un processus métabolique appelé la cétose (voir page 14).

Selon leur nature, les gras contenus dans notre régime alimentaire affectent – avantageusement ou défavorablement – notre réponse à l'insuline, une hormone produite par le pancréas. L'insuline régule la teneur en graisses de nos cellules ainsi que nos taux de glycémie. Le chrome et l'iode, deux minéraux essentiels, influencent aussi l'insuline et d'autres hormones liées à l'obésité.

Finalement, certaines substances naturelles, telles que la caféine, la capsicine (contenue dans le piment), la chitine des coquilles de mollusques et de crustacés, l'herbe chinoise ma-huang, et même l'aspirine (à l'origine dérivée de l'écorce de saule), influencent la manière dont l'organisme traite la graisse. Mentionnons également l'acide hydroxycitrique, que l'on trouve dans le mangoustan, qui fait obstacle à la production de graisses par les glucides et qui refrène l'appétit (voir page 26).

Effet thermogène des protéines

Un gramme de gras fournit environ neuf calories, tandis qu'un gramme de glucides fournit environ quatre calories et un gramme de protéines, quatre calories. Ces statistiques expliquent

pourquoi la plupart des régimes amaigrissants exigent de diminuer la consommation de gras. Cependant, bien que le gras procure, poids pour poids, plus de deux fois l'énergie fournie par les deux autres groupes alimentaires, les protéines ont un facteur intégré connu pour son effet thermogène ou son « action dynamique spécifique », qui consiste à brûler les calories et à réduire les réserves de graisse.

Même l'action de manger requiert des calories, puisque toute nourriture a besoin d'énergie pour être défaite et digérée, puis absorbée par l'estomac et l'intestin grêle, et pour produire des modifications chimiques, notamment dans la circulation sanguine et dans le foie, et enfin, pour que ses substances nutritives soient stockées dans l'organisme. Mais, alors que le gras a un effet thermogène de seulement 1 à 3 % de sa valeur énergétique et les glucides, de 5 à 10 %, les protéines ont un effet thermogène de 20 à 30 % de leur valeur énergétique.

Cet effet thermogène utile est réduit de 50 à 150 calories par jour chez les personnes obèses ayant une résistance à l'insuline (voir ci-dessous), ce qui souligne l'importance d'inclure des protéines dans un régime d'amaigrissement et d'appliquer d'autres mesures pouvant aider à aviver la sensibilité de l'organisme à l'insuline.

Aliments à calories négatives

Les aliments à calories négatives consomment plus de calories pour être digérés et assimilés par l'organisme qu'ils ne lui en fournissent. Ce surplus de consommation calorifique « brûle » les graisses dans l'organisme. Par exemple, pour une portion de fruits fournissant 350 calories, 100 calories seront utilisées pour la digestion et l'absorption des fruits, ce qui laissera 250 calories à inclure dans l'apport calorifique total pour la journée. Cependant, une portion de choux de Bruxelles fournissant 50 calories requerra 75 calories pour être digérée et absorbée et brûlera ainsi 25 calories de graisse. Consommer principalement des aliments à calories négatives permettrait de réduire le poids trois fois plus rapidement que le jeûne et ferait perdre en moyenne 0,5 kg (1 lb) par jour. Il est difficile de confirmer ces dires, mais le concept d'énergie négative et de combustion des graisses est en tout cas confirmé. Comme de nombreux aliments ont soit une valeur protéique élevée, soit un faible indice glycémique (voir page 22), ces deux catégories sont incluses dans le régime.

Pour aider votre métabolisme à brûler la graisse 24 heures sur 24, vous devez cependant augmenter votre consommation d'oxygène en faisant des exercices aérobiques tels que la marche rapide, le vélo ou la natation, ou en faisant des exercices de respiration spécifiques (voir page 118).

Glucides

Tous les glucides augmentent le niveau de glucose dans le sang, ce qui déclenche la sécrétion d'insuline par le pancréas. Le rôle de l'insuline consiste à débarrasser le glucose du système sanguin et à l'envoyer vers les cellules musculaires et autres tissus de l'organisme où il peut être combiné avec l'oxygène pour produire de l'énergie, ou encore être stocké sous forme de graisse. Les aliments raffinés, riches en sucre, comme les bonbons et le chocolat, augmentent rapidement le niveau de glycémie. Les grandes quantités d'insuline libérées en réponse peuvent mener à l'hypoglycémie (bas niveau de sucre de sang) et, en consommant de grandes quantités de ces aliments raffinés à haute teneur en sucre, nous affaiblissons graduellement notre sensibilité à l'insuline. Nous avons besoin de plus d'insuline pour maintenir notre taux de glycémie dans des limites normales et,

avec le temps, notre niveau d'insuline dans le sang augmente de manière permanente. Ce phénomène s'appelle l'insulinorésistance et il augmente le risque de développer le diabète ainsi qu'une maladie cardiaque. Les glucides complexes (provenant de fruits, de légumes secs, de grains et de céréales) ont un effet moindre sur notre taux de glycémie parce que les fibres qu'ils contiennent permettent une libération progressive des amidons et des sucres. Par conséquent, l'organisme libère des quantités moindre d'insuline, le taux de glycémie augmente (et tombe) lentement et le risque d'hypoglycémie est éliminé.

Indice glycémique

Les glucides sont classés selon l'indice glycémique (IG), qui mesure leurs effets sur le taux de glycémie. Les aliments à IG élevé provoquent une hausse rapide du niveau de glycémie, et ceux à IG faible provoquent une hausse légère et lente du niveau de glycémie. Les glucides à IG faible nous aident à garder notre niveau de glycémie aussi égal que possible et jouent un rôle important dans l'utilisation de l'énergie et la combustion des graisses. Les effets nuisibles sur le plasma sanguin, sur le glucose, sur l'insuline et sur les graisses dans le sang qu'entraîne un régime riche en glucides sont supprimés si la diète est basée principalement sur des aliments riches en fibres et à IG faible. Des études récentes ont démontré que l'apport de glucides à IG faible réduit

LES AVANTAGES QUE PROCURENT LES ALIMENTS À FAIBLE IG

✔ Sensibilité normale à l'insuline

✔ Niveaux normaux du glucose dans la circulation, ce qui aide l'organisme à brûler les graisses

✔ Utilisation à la fois du glucose et des tissus adipeux pour générer de l'énergie

✔ Maintien du poids facilité

✔ Réduction des taux de mauvais cholestérol (LDL) et augmentation des taux de bon cholestérol (HDL)

les niveaux de glucose dans la circulation, ce qui a comme conséquence d'augmenter la quantité de graisse brûlée dans l'organisme. En outre, la consommation d'aliments à IG faible entraîne des niveaux moindres de « mauvais » cholestérol et des niveaux accrus de « bon » cholestérol. Ces découvertes démontrent qu'un apport élevé de glucides rapidement absorbés augmente les risques de maladie coronarienne, indépendamment des facteurs de risque conventionnels tels que le tabagisme, l'hypertension et l'excès de poids. En revanche, certains fruits et légumes jadis considérés comme des sources de glucides peu recommandées ont en fait un faible IG.

ALIMENTS RICHES EN GLUCIDES À IG ÉLEVÉ

Pains : pain blanc, pain entier
Grains et céréales : riz à grain court, céréales de riz grillées
Légumes : pommes de terre à préparation instantanée, tomates, laitue, choux rouge, piments, courges
Fruits : pastèque (melon d'eau), dattes séchées
Autres : boissons non alcoolisées, la plupart des confiseries, huile d'olive vierge pressée à froid, aliments riches en iode (tels que kombu, sel de mer, poissons, mollusques et crustacés), aliments riches en chrome (tels que levure de bière, viande de bœuf, huîtres, aliments à base de blé entier, foie et grumes)

ALIMENTS RICHES EN GLUCIDES À IG MOYEN

Pains : pain au levain, pain pita, pain de seigle léger
Grains et céréales : riz à long grain, pâtes alimentaires blanches, galettes aux céréales de blé de grain entier
Légumes : pommes de terre
Fruits : prunes, fraises, groseilles à grappes rouges, noires ou blanches, raisins secs

ALIMENTS RICHES EN GLUCIDES À IG FAIBLE

Pains : pain multigrain (blanc et entier), pain aux fruits secs
Grains et céréales : riz complet, riz sauvage, autres grains entiers, taboulé, orge perlée, pâtes alimentaires de blé entier, avoine, gruau, muesli non sucré, céréales au son de blé à haute teneur en fibres
Légumes : patates douces, gombos, champignons, légumineuses (pois, haricots), brocolis, artichauts, aubergines
Fruits : pommes, poires, oranges, mandarines, pamplemousses, bananes
Autres : miel, confiture, lait de soya et ses dérivés

Gras alimentaires

Un apport total élevé en gras abaisse la sensibilité à l'insuline. Inversement, les gras monoinsaturés ont un effet bénéfique. Au cours d'une étude menée en Italie par G. Ricardi et rapportée dans le British Journal of Nutrition en 2000, 162 adultes en bonne santé ont suivi pendant trois mois une diète, les uns, à haute teneur en gras monoinsaturé, les autres, à haute teneur en gras saturé. Les résultats ont révélé que le régime à haute teneur en gras monoinsaturé améliorait considérablement la sensibilité à l'insuline par rapport au régime à haute teneur en gras saturé (gras dérivé de produits animaux). Toutefois, cet effet bénéfique disparaît lorsque la consommation totale de gras représente plus de 38 % des calories totales consommées.

Quoi qu'il en soit, essayer d'éliminer complètement le gras du régime alimentaire nuirait à la santé. La graisse est un nutriment essentiel à la vie et si nous n'en consommons pas autant que notre corps en requiert, ce dernier s'organise pour en fabriquer. Il faut aussi savoir que les régimes à teneur réduite en gras n'entraînent pas de perte de poids à proprement parler. Ce point est illustré dans les résultats d'une étude menée aux États-Unis. En 1955, les Américains tiraient 40 % de leurs calories du gras; en 1995, ce chiffre est tombé à 35 % ; pendant la même période, le pourcentage d'adultes en surpoids est passé respectivement de 25 % à 40 %. Il semble que beaucoup de gens interprètent un régime faible en gras comme étant un laissez-passer pour manger autant qu'elles le veulent d'autres aliments sans égard à leur teneur en calories. Parallèlement, les sociétés développées deviennent toutes de plus en plus sédentaires, ce qui constitue un autre facteur important de surpoids.

Le gras ne créera pas de surplus de graisse dans l'organisme à moins que l'on absorbe plus de calories que l'on n'en utilise. L'approche saine consiste à maintenir son apport d'énergie provenant du gras au-dessous 38 %, à réduire le gras saturé et à inclure dans l'alimentation une part importante d'huile d'olive et ses dérivés, de même que des poissons gras tels que la sardine, le maquereau, le saumon et le thon, lesquels contiennent des acides gras essentiels.

Gras insaturés

Notre source principale de gras monoinsaturé est l'huile d'olive, la variété extra vierge pressée à froid étant la plus saine. Tirée des premières pressions d'olives mûres, elle regorge de substances nutritives non endommagées par les traitements thermiques industriels qui les modifient et les détruisent. Les huiles oméga 3, ces gras polyinsaturés que l'on trouve dans le poisson, les fruits de mer, les légumes-feuilles et l'huile de noix, réduisent les mauvaises graisses dans le sang et aident à prévenir les crises cardiaques. Les poissons gras et l'huile d'olive extra vierge pressée à froid sont des aliments largement utilisés tout au long du Régime d'amaigrissement ABG.

Iode et chrome

L'iode est nécessaire au fonctionnement normal de la thyroïde, qui contrôle le métabolisme de base (MB) (voir page 7). Une carence en iode peut avoir comme conséquence de réduire l'action de la thyroïde, abaissant de ce fait le MB et entraînant une augmentation de poids. Il est pratiquement impossible de perdre du poids lorsqu'on a des niveaux bas de thyroxine – la principale hormone sécrétée par la thyroïde et qui ne peut être fabriquée sans l'iode – sans devoir subir une forme ou une autre de traitement médical.

Qu'un supplément d'iode puisse aider à accélérer un MB lent en l'absence d'une carence prouvée ne fait pas l'unanimité. Le varech (une algue) est une riche source d'iode, ce qui explique pourquoi il est souvent inclus dans les formules d'amaigrissement brevetées. L'iode est également présent dans les poissons de mer, les fruits de mer et le sel de mer.

L'organisme a besoin du chrome pour traiter les glucides et les gras alimentaires. Combiné avec la vitamine B de l'acide nicotinique (la niacine) et avec le tryptophane, ou avec certains autres acides aminés, le chrome constitue le facteur de tolérance au glucose (le chrome FTG), qui diminue la résistance à l'insuline et assure la circulation du glucose dans les tissus. Les régimes à teneur élevée en glucides peuvent mener à une carence en chrome ; ce phénomène, tout comme le processus de vieillissement, altère la capacité de notre organisme à produire du chrome FTG, ce qui nous oblige à inclure à notre menu des aliments spécifiques et des suppléments.

On a prescrit des suppléments de chrome à des personnes souffrant de diabète de type 1 (où l'organisme a une insuffisance d'insuline) et de type 2 (à début tardif) afin d'améliorer le contrôle de leur glycémie et, dans certains cas, ces suppléments ont contribué à réduire la prise d'insuline et d'autres médicaments. Le chrome favorise également l'assimilation des acides aminés (les produits libérés lors de la digestion des protéines), aidant ainsi l'organisme à augmenter sa masse maigre (LBM) et à diminuer ses réserves de tissus adipeux.

Les aliments riches en chrome incluent la levure de bière, les huîtres, la viande de bœuf, les produits de blé entier, les pommes de terres et le foie, qui figurent tous dans le Régime d'amaigrissement ABG. Cependant, un supplément quotidien de 400 microgrammes (Mg) est recommandé dans le cadre du Régime d'amaigrissement rapide.

Acide hydroxycitrique

L'écorce de mangoustan est largement utilisée dans la cuisine asiatique, notamment comme assaisonnement dans les caris en remplacement de la lime ou du tamarin. Selon des rapports scientifiques (publiés dans le Journal of Biological Chemistry en 1971 et dans l'American Journal of Clinical Nutrition en 1977), l'acide hydroxycitrique (HCA) que l'on trouve dans cette écorce peut empêcher la production de cholestérol et d'autres lipides sanguins par les glucides alimentaires.

Les glucides alimentaires sont décomposés dans le glucose. Une partie est utilisée pour fournir de l'énergie et le reste est emmagasiné sous forme de glycogène dans les muscles et le foie. Lorsque les réserves de glycogène sont faites, une enzyme appelée l'ATP citrate lyase transforme toutes les molécules de glucose supplémentaires en cholestérol et en graisse. L'acide hydroxycitrique semble bloquer cette dernière étape, réduisant la production de graisse de 40 % à 70 % jusqu'à 12 heures après un repas. L'acide hydroxycitrique refrène aussi l'appétit, car le glucose en surplus n'est plus transformé en tissu gras et dès lors demeure stocké comme glycogène. Les stocks de glycogène demeurant élevés, le cerveau reçoit l'information que les réserves d'énergie sont pleines et que l'organisme n'a plus besoin de nourriture.

On croit aussi que l'acide hydroxycitrique est la substance active contenue dans le jus et l'écorce de pamplemousse et probablement d'autres agrumes, laquelle a des effets semblables à ceux du mangoustan. Le pamplemousse et les agrumes sont donc inclus dans un régime pour brûler les gras, tandis que l'on préférera prendre le mangoustan comme supplément alimentaire (vendu dans les magasins d'aliments naturels).

Remarque

La liste des aliments à calories négatives ci-contre est incomplète, mais elle couvre les principaux aliments que vous aimez et que vous êtes habitué de manger. Utilisez votre jugement en ce qui a trait aux autres aliments ; par exemple, puisque le cresson est inclus, il est judicieux d'utiliser des légumes germés similaires, tels que les pousses de luzerne, de fenugrec, de radis et de haricots mungo. Tous les légumes crus ou légèrement cuits, de même que les fruits et les noix à leur état naturel, fournissent des calories négatives, alors que les fruits séchés et les fruits en conserve, ainsi que les noix salées et rôties, n'en fournissent pas.

Aliments pour brûler les gras

Certains aliments pour brûler les gras appartiennent à plus d'une catégorie, par exemple les aliments à calories négatives et à IG faible ou à calories négatives et protéiques. Par souci de simplicité, les aliments sont groupés ici sous la catégorie principale à laquelle ils appartiennent. Voir la liste des aliments à IG faible, page 23.

LES ALIMENTS PROTÉIQUES POUR BRÛLER LES GRAS

Viande maigre : bœuf, porc, agneau, veau, venaison, lapin, lièvre, abats
Volaille : poulet, dinde, faisan, tétras, pintade
Poissons : morue, aiglefin, plie, sole, goberge, merlan, maquereau, truite, saumon
Mollusques et crustacés : pétoncle, crevette, homard, crabe, langoustine, coque, moules, bigorneau, buccin, ormeau
Fromage : principalement le fromage frais et le fromage cottage allégé. Consommer aussi avec modération des fromages à pâte dure tel le cheddar
Œufs
Produits à base de soya

LES ALIMENTS À CALORIES NÉGATIVES

Légumes : asperges, aubergines, betteraves, brocoli, choux de Bruxelles, chou, carottes, chou-fleur, céleri-rave, céleri, chicorée, chou chinois (pak choi, bok choy), cresson, feuilles de pissenlit, endives, fenouil, artichauts, haricots verts, poireaux, laitue, pois mange-tout, oignons, radis, algue, épinards, courges, rutabaga, tomates, navets
Fruits : pommes, abricots, bananes, mûres sauvages, cassis, myrtilles, mûres de Boysen, pamplemousses, raisins, reines-claudes, guavas, kiwis, kumquats, nectarines, oranges, papayes, pêches, poires, kakis, ananas, prunes, grenades, figues de Barbarie, framboises, groseilles rouges, satsumas, caramboles, fraises, groseilles blanches
Noix : amandes, noix Barcelona, noix du Brésil, châtaignes, noix de coco, avelines, noisettes, macadamias, arachides, pignons, pistaches, noix de Grenoble

3 Le Régime d'amaigrissement rapide aux aliments pour brûler les gras

Pour démarrer

Le régime est extrêmement sain (comme nous l'avons vu au chapitre 2) et convient à la plupart des personnes (voir cependant ci-après). Toutefois, je préfère pécher par excès de prudence. Comme je ne vous ai jamais rencontré et que je ne puis surveiller vos progrès, je vous conseille simplement de consulter d'abord votre médecin. C'est particulièrement important si vous souffrez présentement de problèmes de santé, si vous prenez des médicaments sur une base régulière, si vous êtes un adolescent ou si vous êtes âgé de plus de 65 ans.

Après les deux premières semaines du Régime d'amaigrissement rapide, le Régime de stabilisation – dont il existe quatre versions au total (voir chapitres 4 et 5) – vous permet de vous acclimater à votre nouveau poids et de manger une gamme élargie d'aliments. Le Régime de stabilisation est généralement moins exigeant que le Régime d'amaigrissement ABG et, même si bien des gens pourraient sagement répéter les deux premières semaines sans interruption, le régime basé sur 28 jours convient mieux à la plupart des personnes au régime.

Bilan de santé

Vérifiez auprès de votre médecin avant de commencer le Régime d'amaigrissement ABG si vous avez des problèmes de santé ou si vous êtes traité pour une condition médicale sérieuse ou de longue date. Il est également impératif que vous obteniez l'approbation de votre médecin si vous avez moins de 20 ans ou plus de 65 ans. Les enfants, les adolescents et les personnes âgées ont des besoins nutritionnels spécifiques que le Régime d'amaigrissement ABG ne peut combler. Votre médecin est en mesure de vous dire si le régime vous convient.

Dresser la carte de vos progrès

Suivre un régime pendant une période spécifique comporte également des avantages psychologiques extrêmement importants. Vous pouvez surveiller vos progrès en biffant un à un les jours sur un calendrier et en remplissant les tableaux portant sur 14 jours fournis aux pages 122 et 123 : cela vous encouragera à persévérer.

Le Régime d'amaigrissement ABG ne laisse rien au hasard : il prend en compte votre besoin de consommer toute une variété d'aliments, vos objectifs à court terme et vos propres facteurs de bien-être personnel. C'est pourquoi il peut vous aider à réussir, peu importe les difficultés que vous avez pu éprouver en suivant des régimes d'amaigrissement par le passé. En dépit des conseils que vous avez pu lire vous recommandant de ne vous peser qu'une seule fois par semaine (ou mieux, de jeter votre pèse-personne), si vous suivez le Régime d'amaigrissement ABG, vous devriez vous peser quotidiennement. De manière inattendue, il peut arriver que des pertes élevées de graisse se maintiennent puis que votre poids semble ne plus vouloir descendre. Vous n'êtes pas en train d'échouer, c'est seulement votre organisme et votre métabolisme qui s'ajustent aux effets des aliments pour brûler les gras.

Indicateurs positifs

✔ Vous êtes généralement en bonne santé.

✔ Vous êtes âgé entre 20 et 65 ans.

✔ Vous mangez la plupart des aliments usuels.

✔ Vous ne souffrez d'aucune allergie alimentaire ou seulement des allergies auxquelles vous pouvez faire face sans danger.

✔ Vous pouvez organiser vos repas autour du Régime complet d'amaigrissement ABG.

Principes

Le Régime d'amaigrissement rapide ABG fournit tous les nutriments essentiels sur une période de sept jours (la deuxième semaine est une répétition de la première) et vous aide à brûler de la graisse principalement par l'apport d'aliments à calories négatives (voir page 21). Prenez du potage pour brûler les gras tous les jours comme repas et comme collation quand la fringale vous surprend. Rappelez-vous que vous n'avez jamais besoin de ressentir la faim avec le Régime d'amaigrissement ABG.

Vous remarquerez que les principaux aliments qui ne figurent pas dans le Régime d'amaigrissement rapide ABG sont les fruits et les légumes à haute teneur en sucre et en amidon, de même que les viandes et les poissons gras ou huileux. Certains de ceux-ci apparaîtront dans des recettes ailleurs dans ce livre. Ils sont exclus ici parce que le Régime d'amaigrissement rapide ABG est basé sur les aliments à contenu calorique négatif les plus simples et les plus sains. Vous pouvez consommer des viandes maigres autres que celles mentionnées (voir la liste des aliments à calories négatives, page 27) ; cependant, vous devez éviter pour l'instant les aliments « transformés » tels le jambon, la saucisse et les viandes en conserve.

Utilisez des ingrédients biologiques chaque fois que vous le pouvez ; Vous devrez utiliser votre bon jugement à ce propos. On trouve sur le marché de plus en plus d'aliments biologiques frais et à moindre coût. Le miel biologique se vend maintenant partout. Il faut le choisir clair, raffiné ou en rayon, selon les exigences de la recette. Vous pouvez utiliser à volonté du poivre blanc, noir, vert, rose ou autre, sauf si la recette indique le contraire. Les épices, comme le piment en poudre et le poivre de Cayenne, aident à accélérer la combustion des graisses. Le sel ne fait partie d'aucune des recettes du régime; vous pouvez cependant utiliser du sel de potassium (faible en sodium) comme substitut si vous n'aimez pas le goût des légumes ou autres plats non salés.

Lignes directrices du Régime d'amaigrissement rapide

À faire

✔ Suivez le régime alimentaire à la lettre. N'utilisez que les substituts recommandés.

✔ Buvez quotidiennement au moins huit grands verres (300 ml ou ½ chopine) d'eau pure, embouteillée ou filtrée, et, si vous le souhaitez, prenez des tisanes, du thé et du café sans lait ni sucre.

✔ Retirez toute la peau et le gras de la viande et de la volaille.

✔ Composez vos potages pour brûler les gras (voir page 36) ou vos salades de légumes crus à partir de la liste d'aliments à calories néga-tives (voir page 27) et prenez ces repas et collations dès que vous avez faim.

✔ N'utilisez que les sauces recommandées pour vos salades et autres plats.

✔ Pesez-vous nu, le matin dès votre lever, après être allé aux toilettes. Notez votre poids sur un tableau (voir pages 122 et 123).

À ne pas faire

✘ Ne buvez pas d'alcool, de boissons gazeuses, de boissons ou jus de fruits additionnés de sucre ou de lait, sauf si la recette indique le contraire.

✘ Évitez autant que possible les édulcorants artificiels; vos papilles gustatives auront tôt fait de s'habituer aux nou-velles saveurs.

✘ N'achetez pas de fruits ou de légumes flétris, ni aucun aliment dont la date de péremption est passée. Fraîcheur est le maître mot!

✘ Ne vous laissez pas tenter par les grignotines et autres amuse-gueules – il y va de votre intérêt.

✘ N'engloutissez pas votre nourriture. Prenez plutôt le temps d'en apprécier l'arôme, le goût et la texture en la mastiquant lentement et longuement.

Le Régime d'amaigrissement rapide de 14 jours

	JOUR 1 et JOUR 8	JOUR 2 et JOUR 9	JOUR 3 et JOUR 10
PETIT DÉJEUNER	• Smoothie à la mangue (page 38) ou salade de melon aux raisins (page 38).	• Potage pour brûler les gras froids (page 36). • Assiette de légumes légèrement cuits.	• Smoothie à la mangue, salade de melon aux raisins (les deux, à la page 38) ou des fruits mélangés.
DÉJEUNER	• Potage pour brûler les gras (page 36). • Fruits à chair tendre : 3 ou 4 prunes, reines-claudes ou abricots, une pêche ou une nectarine, ou encore une poignée de groseilles ou de cerises.	• Potage pour brûler les gras (page 36) et chicorée frisée pour faire trempette. • Une grosse botte d'asperges ou de brocoli vapeur agrémentée de sauce fermière (page 80).	Potage pour brûles les gras (page 36) et tranches de pomme ou feuilles de chicorée frisée pour faire trempette. • Fruits à chair tendre.
DÎNER	• Potage pour brûler les gras (page 36) et tranches de pomme pour faire trempette. • Assiette de fruits frais : raisins, reine-claude ou prune, une pomme tranchée, ananas, poire et pêche dans leur jus.	• Potage pour brûler les gras (page 36). • Pomme de terre au four épicée (page 40). • Légumes braisés à l'aneth et à la moutarde (page 37).	• Potage pour brûler les gras (page 36). • Assiette de légumes. • Salade de fruits frais.
REMARQUES	• Collations : n'importe quels fruits frais à l'exception des bananes et des fruits tropicaux à haute teneur en sucre. • Au moins huit grands verres d'eau.	• Manger beaucoup de légumes crus ou légèrement cuits, à l'exception des pois, des légumes secs, du maïs, du panais, de l'igname, des patates douces. • Au moins huit grands verres d'eau.	• Prenez n'importe quels fruits frais proposés au jour 1 et n'importe quels légumes proposés au jour 2. • Au moins huit grands verres d'eau.

JOUR 4 et JOUR 11	JOUR 5 et JOUR 12	JOUR 6 et JOUR 13	JOUR 7 et JOUR 14
• Lait fouetté au lait écrémé et à la banane.	• 125 g (4 oz) de bifteck maigre frit à sec, tomates tranchées et salsa aux tomates.	• Bifteck maigre frit à sec et champignons.	• Jus de carottes et de céleri (page 59).
• Potage pour brûler les gras (page 36). • 2 bananes.	• Potage pour brûler les gras (page 36). • Bifteck maigre frit à sec. • Salade de tomate et de chicorée frisée ou de cresson agrémentée de sauce fermière (page 80).	• Potage pour brûler les gras (page 36). • Salade arc-en-ciel (page 80).	• Potage pour brûler les gras (page 36). • Salade de riz chaud au citron, à l'ail et aux herbes (page 41).
• Potage pour brûler les gras (page 36). • 2 bananes tranchées saupoudrées de noix muscade fraîchement râpée.	• Potage pour brûler les gras (page 36). • Bifteck maigre et tomates, comme pour le petit déjeuner ou la collation. Ou tomates passées au poêlon sans huile, avec une poignée d'épinards ou de cresson ajoutée à la fin de la cuisson.	• Potage pour brûler les gras (page 36). • Bifteck maigre frit à sec. • Poêlée Primavera (page 39).	• Potage pour brûler les gras (page 36). • Risotto à l'orientale (page 41).
• Jusqu'à 8 bananes, 1,2 litre (2 chopines) de lait écrémé et 8 verres d'eau. • Attendez-vous à perdre 1,75 à 3 kg (4 à 7 lb) dès le jour 4.	• Essayez de manger de 300 à 625 g (10 à 20 oz) de bifteck maigre et 500 g (1 lb) de tomates en conserve ou 6 ou 7 tomates. • Au moins huit grands verres d'eau.	• Choisissez n'importe quels fruits figurant dans la liste des aliments à calories négatives (page 27). • Au moins huit grands verres d'eau.	• Faites-vous autant de jus de fruits frais que vous le souhaitez en utilisant des fruits figurant dans la liste des aliments à calories négatives (page 27). • Au moins huit grands verres d'eau.

Potage pour brûler les gras

Vous pouvez varier le poids total des légumes frais. Utilisez 250 à 500 g (8 oz à 1 lb) de légumes à la fois et refaites une nouvelle réserve de potage au moins tous les deux jours. Conservez-le au réfrigérateur. Vous pouvez substituer un ou plusieurs légumes, en quantités égales, à tous vos légumes préférés figurant dans la liste des aliments à calories négatives (voir page 27). Lavez tous les légumes, mais ne les pelez pas. Plus vous les émincerez ou les hacherez finement, plus ils cuiront vite et plus leur cuisson sera uniforme.

Donne 900 ml à 1,2 litre (1½ à 2 chopines) de potage.

2 bottes d'oignons verts ou 1 gros oignon ou 1 poireau, finement hachés
1 chou-fleur moyen ou ½ gros chou-fleur, divisé en fleurons (incluant les feuilles vertes) ou 2 têtes de brocoli moyenne ou 1 grosse tête
125 g (4 oz) d'épinards ou ½ petit chou, émincé
1 gros piment rouge, vert ou jaune, évidé et émincé
6 à 8 branches de céleri, hachées
2 ou 3 grosses carottes, tranchées mince
1 à 2 cuillerées à thé de cumin écrasé et de graines de coriandre (facultatif)
1 chopine de bouillon de poulet ou de bouillon de légumes maison (voir page 37)
4 ou 5 grosses tomates bien mûres, coupées en quatre, ou 400 g (13 oz) de tomates en conserve
le jus de ½ gros citron ou de 1 lime
1 petite poignée de coriandre ou de persil à feuille plate, grossièrement haché
2 gousses d'ail, finement émincées ou écrasées (facultatif)
¼ à ½ cuillerée à thé de poivre de Cayenne (facultatif)

1 Placer tous les légumes dans une grande casserole, à l'exception des tomates, et ajouter des épices moulues, si désiré. Ajouter le bouillon, et un peu d'eau si nécessaire, pour couvrir. Amener doucement tout juste à ébullition, puis ajouter les tomates et le jus de citron ou de lime.

2 Ajouter les herbes et l'ail, si désiré. Assaisonner de poivre de Cayenne, si désiré.

3 Laisser mijoter le potage de 20 à 30 minutes, ou jusqu'à ce que les légumes soient tendres.

Bouillon de poulet maison

Le bouillon de poulet est facile à faire et en vaut vraiment la peine. Les feuilles grossières du pied de céleri seront parfaites pour cette recette.

Donne environ 600 ml (1 chopine) de bouillon.

1 carcasse de poulet ou une sélection d'os de poulet
1 oignon non pelé, coupé en quatre
2 carottes, tranchées
1 branche de céleri, tranchée
2 ou 3 feuilles de laurier
1 cuillerée à soupe d'herbes émincées (telles que persil, thym, romarin, sauge) ou ¼ à ½ cuillerée à thé d'herbes séchées mélangées
1 cuillerée à soupe (ou plus) de sucs de cuisson du poulet rôti (facultatif)
poivre
une pincée de sel faible en sodium

1 Placer dans une grande casserole la carcasse de poulet ou les os, les légumes et les herbes, de même que les sucs de cuisson, s'il y en a. Assaisonner de poivre et de sel faible en sodium.

2 Couvrir d'eau, amener à ébullition, puis écumer le bouillon. Baisser le feu, couvrir et laisser cuire à petits bouillons, de 30 à 60 minutes, en ajoutant un peu d'eau de temps à autre, si nécessaire.

3 Passer le bouillon et jeter les légumes et les os. Ce fond peut être conservé au réfrigérateur pendant trois jours. Il peut aussi être surgelé.

Légumes braisés à l'aneth et à la moutarde

Pour cette recette, vous aurez besoin de 500 g (1 lb), ou autant que vous pouvez en manger, de vos légumes-feuilles favoris, tels que choux de Bruxelles, oignons verts, jeunes épinards ou brocoli.

Pour une personne

500 g (1 lb) de légumes-feuilles
300 ml (½ chopine) de bouillon de poulet ou de bouillon de légumes maison (voir à gauche) ou ½ cube de bouillon dissous dans 300 ml (½ chopine) d'eau bouillante
1 cuillerée à thé d'aneth, émincé
2 cuillerées à thé de moutarde en grains
sel et poivre

1 Préparer les légumes pendant que le bouillon est en train de réchauffer dans une grande casserole.

2 Quand le bouillon commence à bouillir, ajouter les légumes et réduire le feu. Laisser mijoter de 5 à 10 minutes, ou jusqu'à ce que les légumes soient tendres ou légèrement croquants. Transférer les légumes dans une assiette de service à l'aide d'une cuillère à égoutter. Incorporer au bouillon l'aneth et la moutarde, et assaisonner de sel et de poivre, au goût. Verser le bouillon sur les légumes.

Variante

Pour faire un bouillon de légumes, procéder de la même façon que pour un bouillon de poulet, mais omettre la carcasse ou les os, de même que les sucs de cuisson de poulet.

Salade de melon aux raisins

Pour cette salade, vous pouvez utiliser toutes les variétés de melons, à l'exception du melon d'eau (pastèque).

Pour une personne

1 épaisse tranche de melon
1 poignée de raisins noirs ou de raisins blancs sans pépins, coupés en deux
le jus de ½ lime
1 cuillerée à thé de miel clair
1 ou 2 branches de menthe ou de citronnelle, finement hachées

1 Couper le melon en morceaux et placer dans un bol avec son jus.

2 Ajouter les raisins, le jus de lime, le miel et les herbes. Bien mélanger. Réfrigérer avant de servir.

Smoothie à la mangue

Pour une personne

1 grosse mangue bien mûre
300 ml (½ chopine) de jus d'orange, fraîchement pressé
feuilles de menthe, pour décorer

1 Trancher la mangue en deux, extraire toute la chair et le jus et déposer dans un robot culinaire ou un mélangeur. Ajouter le jus d'orange et mélanger pendant 1 minute.

2 Verser dans un verre. Ajouter quelques feuilles de menthe pour décorer et servir avec une paille.

Conseil

Pour préparer une mangue, la tenir en position verticale sur une planche. Couper la chair en contournant le noyau. Décoller la chair qui reste accrochée au noyau. Entailler la chair de chacune des deux grandes moitiés de mangue de manière à former des motifs à losanges, en prenant garde de ne pas couper la peau. Retourner la pelure et racler la chair à l'aide du couteau.

Poêlée Primavera

Pour une personne

100 à 200 ml (3½ à 7 oz liq.) de bouillon de
  poulet ou de bouillon de légumes maison
  (voir page 37) ou d'eau
2 branches de romarin
75 g (3 oz) de haricots verts
1 petite poignée de fleurons de brocoli
1 petite poignée de fleurons de chou-fleur
125 g (4 oz) de champignons
6 à 8 tomates cerises, coupées en deux
3 à 4 oignons verts, émincés
1 cuillerée à soupe de vinaigre balsamique
1 une petite poignée de feuilles de basilic,
  déchiquetées

1 Faire chauffer le bouillon ou l'eau ainsi
  que les branches de romarin dans un
grand wok ou un poêlon jusqu'à ébullition.

2 Pendant ce temps, laver et hacher
  grossièrement les haricots, le brocoli,
le chou-fleur et les champignons. Ajouter
au bouillon ou à l'eau bouillante. Couvrir
le wok ou le poêlon. Brasser de temps à
autre pour empêcher les légumes de
coller ou de brûler.

3 Vérifier la tendreté des légumes après
  cinq minutes. Ajouter les tomates
cerises, les oignons verts et le vinaigre
balsamique et faire cuire pendant 1 minute
en brassant. Saupoudrer de basilic et
servir.

Pomme de terre au four épicée

Si vous le pouvez, prenez le temps de faire cuire la pomme de terre au four conventionnel, car les pommes de terre cuites au four sont beaucoup plus croustillantes que celles cuites dans un four à micro-ondes.

Pour une personne

1 grosse pomme de terre à cuire au four
15 g (½ oz) de substitut de beurre allégé
salsa aux tomates épicée, à teneur réduite en calories, non additionnée de sucre, en guise d'accompagnement (facultatif)
sel et poivre

1 Laver et éponger la pomme de terre, puis faire des incisions dans la pelure à l'aide d'un couteau coupant. Placer directement sur la grille du four préchauffé à 200 °C (400 °F) – 6 pour les appareils au gaz –, et cuire pendant 1 à 1½ heure.

2 Couper la pomme de terre en deux, dans le sens de la longueur, et retirer la chair des deux moitiés de pelure. Réduire en purée en y ajoutant du substitut de beurre allégé, du sel et beaucoup de poivre.

3 Remettre la purée de pomme de terre dans les deux moitiés de pelure. Si désiré, servir agrémenté de salsa aux tomates épicée, à teneur réduite en calories, non additionnée de sucre.

Salade de riz chaud au citron, à l'ail et aux herbes

Cette recette requiert la quantité totale de riz allouée pour le jour 7 (voir page 36). Préparez la salade et prenez-en la moitié pour votre repas. Réservez le reste comme base pour le risotto à l'orientale (voir à droite). Divisez le brocoli en petits fleurons de la même grosseur afin que leur cuisson soit uniforme.

Pour une personne

65 à 75 g (2½ à 3 oz) de riz complet environ 450 ml (¾ de chopine) de bouillon de poulet ou de bouillon de légumes maison (voir page 37)
2 carottes, râpées
1 poignée de fleurons de brocoli
zeste de ½ citron râpé
1 petite gousse d'ail, émincée
1 cuillerée à soupe de persil à feuille plate émincé

1 Faire cuire le riz dans le bouillon jusqu'à ce qu'il soit tendre, mais encore un peu ferme. Il faut calculer environ 20 minutes. Cinq minutes avant la fin de la cuisson, incorporer la carotte râpée et le brocoli. Entre-temps, mélanger ensemble le zeste de citron, l'ail et le persil.

2 Égoutter le riz et les légumes lorsque cuits, conserver tout jus de cuisson pour des soupes et diviser en deux portions. En mettre une de côté pour le risotto à l'orientale. Servir la portion qui reste agrémentée du mélange de zeste de citron et d'herbes.

Risotto à l'orientale

Pour une personne

les restes d'une salade de riz chaud au citron, à l'ail et aux herbes (voir à gauche)
50 ml (2 oz liq.) de bouillon clair ou d'eau
1 cuillerée à thé de poudre de cinq épices chinoises
1 poignée de tomates cerises, coupées en deux
1 poignée de champignons de Paris ou de pleurotes en huître, coupés en deux
1 cuillerée à soupe comble de raifort, râpé
1 cuillerée à thé de vinaigre de vin de riz assaisonné
sauce soya, au goût

1 Réchauffer lentement le reste de salade de riz dans un peu de bouillon ou d'eau en y ajoutant la poudre cinq épices. Lorsque réchauffé, incorporer les tomates, les champignons et le raifort râpé.

2 Bien mélanger et cuire à feu doux pendant 2 minutes. Incorporer le vinaigre de vin de riz. Assaisonner, au goût, de sauce soya et servir.

▶ **Principe stabilisateur**

▶ **Conseils pour les achats et la cuisine**

▶ **Philosophie de l'alimentation**

▶ **Régime de stabilisation de base**

▶ **Régime de stabilisation de base de 14 jours**

▶ **Recettes**

4 Le Régime de stabilisation de base

Principe stabilisateur

Il y a quatre régimes de stabilisation possibles et chacun est conçu pour affermir votre poids à son nouveau niveau. Ils comportent trois repas par jour et prévoient des collations inspirées d'une vaste gamme d'aliments santé. Ils vous reposent du Régime d'amaigrissement rapide tout en vous procurant des idées pour vos futurs choix de menus. Vous ne souffrirez pas de la faim en suivant le Régime de stabilisation ABG, pas plus qu'en suivant le Régime d'amaigrissement rapide ABG.

Le Régime de stabilisation de base décrit dans ce chapitre comporte des aliments de première qualité offerts à des prix raisonnables et pouvant convenir à toute la famille. Trois autres régimes de stabilisation vous sont proposés : de luxe, végétarien et divertissant (voir chapitre 5). Choisissez celui qui convient à votre mode de vie. Vous pourriez choisir de remplacer, pour une journée complète, le menu d'un régime par celui d'un autre. Toutefois, la meilleure option consiste à s'en tenir au Régime de stabilisation complet de deux semaines que vous avez choisi.

La plupart des aliments contenus dans les Régimes de stabilisation sont des brûleurs de graisse. Bien que de nombreuses personnes continuent à perdre du poids durant ces deux semaines, le but du Régime de stabilisation n'est pas de brûler la graisse. Il importe avant tout de ne pas perdre patience et de savourer pleinement tous les aliments délicieux que vous serez libre de manger au cours de ces deux semaines, sachant que les 14 jours « brûle-graisse » qui suivront donneront à votre métabolisme l'élan nécessaire pour éliminer la graisse que

vous souhaitez perdre. Continuez à vous peser quotidiennement, à mesure que vous apprenez à abandonner vos anciennes habitudes alimentaires et à adopter les meilleurs choix santé. Par exemple, vous aurez tôt fait de découvrir la quantité exacte de glucides que vous pouvez consommer sans risquer de reprendre le poids perdu.

Quel que soit le Régime de stabilisation ABG que vous choisirez, vous constaterez qu'il a des points en commun avec le Régime d'amaigrissement rapide. L'accent y est mis sur les fruits et les légumes frais, crus ou légèrement cuits, sur les glucides fournis par les grains entiers et sur les aliments protéiques à fort potentiel « brûle-graisse ». Les recettes contenues dans ces quatre régimes sont faibles en gras et en glucides raffinés.

Chacun des Régimes de stabilisation :

• réfère à la méthode du « grignotement ». Il s'agit de prendre des repas légers et des collations tout au long de la journée afin d'augmenter le métabolisme ;

• est riche en éléments nutritifs essentiels, tels que les antioxydants, renforce l'immunité et revigore l'énergie et l'humeur ;

• contient quantité de fibres végétales naturelles qui procurent l'agréable impression de satiété et maintiennent des niveaux sains de sucre et d'insuline dans le sang ;

• est riche en aliments reconnus pour leurs propriétés « brûle-graisse » ;

• est conçu pour que le poids perdu le demeure et que les risques pour la santé liés à l'obésité soient chose du passé.

Conseils pour les achats et la cuisine

Comme pour le Régime d'amaigrissement rapide ABG, l'on choisira de préférence des aliments biologiques, particulièrement des fruits et des légumes frais, ainsi que des coupes de viande de première qualité.

Retirez toute la peau et le gras de la viande et de la volaille avant la cuisson. Cuire la viande, la volaille et le poisson en les faisant griller, bouillir, cuire à la vapeur ou sauter avec un peu d'eau ou de bouillon, ou une cuillerée à thé d'huile d'olive, tel que décrit dans les recettes. Ne faites pas frire ni braiser ces viandes dans de l'huile, et idéalement ne les faites pas rôtir, à moins que toute la graisse visible n'ait été enlevée ou épongée à l'aide d'un papier absorbant. Tous les yogourts, les fromages cottage, les fromages frais et la crème fraîche devraient être faibles en matières grasses. Les œufs devraient être idéalement de ferme. Ils peuvent être bouillis, pochés ou brouillés avec un peu de substitut de beurre allégé prévu à votre ration alimentaire quotidienne. Si vous utilisez des produits de soya, choisissez des substituts de viande et de produits laitiers non additionnés de matières grasses, d'amidon ou de sucre.

Dans la plupart des recettes, il faut très peu d'huile pour « frire » les légumes, de sorte qu'il est nécessaire dc couvrir le poêlon pour que les légumes puissent cuire dans leur propre vapeur. Rincez les ingrédients conservés dans l'huile, tels que le poisson en conserve ou les piments en pot.

Philosophie de l'alimentation

Ces paroles souvent citées de Confucius « tous les hommes boivent et mangent, mais bien peu savent juger les saveurs » sont plus vraies que jamais. Combien de fois prenons-nous le temps de faire une pause en mangeant pour permettre à la nourriture de stimuler autre chose que nos seules papilles gustatives ? Les aliments ont une texture, une température, un arôme; en y mettant une petite touche d'extra, on peut en faire de véritables délices pour l'œil. Quelques aliments et boissons ont même leur propre « musique », et certains annonceurs de boissons pétillantes, de céréales de riz grillées et de maïs soufflé n'ont pas hésité à exploiter cette caractéristique. N'avez-vous jamais écouté le lent bouillonnement d'un riche ragoût qui mitonne sur le feu, ou remarqué les ploc étouffés d'un authentique gruau achevant de cuire ? Et que dire de l'alléchant grésillement des plats flambés ? ou du son croustillant de rôties toutes chaudes que l'on tartine ? Vous croyez peut-être que j'exagère un brin, mais songez que s'il vous est déjà arrivé par le passé de manger plus que nécessaire, par exemple dans des moments de soucis ou d'ennuis, vous aurez besoin de tous les appuis sensoriels possibles pour vous aider à demeurer sur la bonne voie et à perdre du poids de façon permanente.

Régime de stabilisation de base

Le Régime de stabilisation de base vous conviendra si vous souhaitez vous en tenir à votre budget habituel et préparer des repas qui plaisent à toute la famille. Aucune des recettes n'est coûteuse ni compliquée à faire. Elles requièrent des ingrédients que vous avez probablement déjà sous la main dans votre garde-manger.

Vous pouvez varier quelque peu les ingrédients suggérés en fonction de vos goûts personnels et des produits à votre disposition. Les haricots d'Espagne, par exemple, peuvent être substitués aux choux de Bruxelles ou aux épinards, tandis que le goberge blanc et la saumonette feront un pâté au poisson tout aussi délicieux que la plie, la morue, l'aiglefin ou le merlan.

Le potentiel qu'ont les ingrédients à brûler la graisse est mentionné dans de nombreuses recettes afin de vous aider à vous en souvenir. Si les quantités d'ingrédients à employer sont indiquées, il n'en demeure pas moins que vous pouvez en changer dans bien des recettes afin d'adapter celles-ci à vos préférences personnelles. Le plus important, c'est que vous vous habituiez à manger de manière agréable et raisonnée, en faisant confiance à votre jugement.

Lignes directrices du Régime de stabilisation

À FAIRE

✔ Suivez le régime à la lettre. Vous pouvez omettre un aliment que vous n'aimez pas, mais assurez-vous de le remplacer par un aliment ayant un équivalent nutritionnel très rapproché : par exemple, vous pouvez utiliser la même quantité de porc maigre, de veau ou de poisson blanc frais ou décongelé à la place du poulet dans la recette de poulet sauté au citron (jour 3). Il est également judicieux de comparer le nombre de calories lorsque vous substituez des aliments. Lisez toujours les informations sur la valeur nutritive indiquées sur l'emballage.

✔ N'hésitez pas à prendre du potage pour brûler les gras ou une collation de légumes à calories négatives figurant dans la liste (voir page 27) dès que vous avez faim.

✔ Continuez à « grignoter », c'est-à-dire à prendre des repas légers et des collations toutes les 3 ou 4 heures.

✔ Buvez quotidiennement au moins huit grands verres (verre de 300 ml ($\frac{1}{2}$ chopine) d'eau pure, bouillie ou filtrée et, si vous le souhaitez, prenez des tisanes, du thé et du café en utilisant le lait prévu à votre ration alimentaire quotidienne.

✔ N'utilisez que les sauces recommandées pour vos salades et autres recettes.

✔ Continuez à vous peser chaque matin et à noter votre poids.

✔ Souvenez-vous de votre objectif et des promesses que vous vous êtes faites et renouvelez-les tous les jours.

✔ Évitez l'alcool, les boissons gazeuses et les édulcorants.

La ration alimentaire quotidienne

- Légumes à calories négatives (voir page 27) – à volonté.
- Potage pour brûler les gras (voir page 36) – à volonté.
- Deux portions de fruits parmi ceux figurant dans la liste des aliments à calories négatives (voir page 27), en plus de tout autre fruit inclus dans les menus quotidiens.
- 600 ml (1 chopine) de lait écrémé, ou 300 ml (½ chopine) de lait partiellement écrémé, ou 2 berlingots de 200 g (7 oz) de yogourt écrémé, nature ou aromatisé, ou de fromage frais allégé.
- 15 g (½ oz) de substitut de beurre allégé (par exemple tartinades à effet hypocholestérolémiant).

Les petits déjeuners du Régime de stabilisation

Trois options vous sont offertes afin que vous puissiez varier vos petits déjeuners pendant les 14 jours. Les options sont les mêmes, quel que soit le Régime de stabilisation choisi.

PETIT DÉJEUNER 1
- Un petit verre (150 à 175 ml – 5 à 6 oz) de jus de tomate ou de légumes, tels que jus de carottes ou jus de céleri et carottes (voir page 59).
- 1 portion de fruits frais (p. ex. 1 pomme ou 5 ou 6 fraises) en morceaux dans 200 ml (7 oz liq.) de yogourt nature écrémé, saupoudré d'une cuillerée à dessert de germe de blé.
- Si non rassasié : 1 tranche de pain de blé entier, grillée ou non, tartinée d'un peu de substitut de beurre allégé prévu à votre ration alimentaire quotidienne, d'extrait de levure ou de confiture (ou marmelade) à teneur réduite en sucre.

PETIT DÉJEUNER 2
- Un petit verre (150 à 175 ml – 5 à 6 oz liq.) de jus de fruits naturel non sucré.
- 2 galettes de céréales de blé entier avec du lait prévu à votre ration alimentaire quotidienne.
- 1 portion de fruits frais (p. ex. 1 pomme ou 1 orange ou 2 satsumas).
- Si non rassasié : 1 tranche de pain de blé entier, grillée ou non, tartinée d'un peu de substitut de beurre allégé prévu à votre ration alimentaire quotidienne, d'extrait de levure ou de confiture (ou marmelade) à teneur réduite en sucre.

PETIT DÉJEUNER 3
- Des morceaux d'agrumes et du jus ; par exemple ½ pamplemousse, 1 orange, 1 petite boîte d'oranges mandarines dans leur jus naturel, mélangées avec 1 banane coupée et saupoudrés de 1 cuillerée à dessert de graines de sésame grillées.
- 1 œuf (moyen ou gros) brouillé avec un peu de lait prévu à votre ration alimentaire quotidienne, sur une tranche de pain de blé entier grillé, tartinée d'une cuillerée à thé de substitut de beurre allégé.

Régime de stabilisation de base de 14 jours

	JOUR 1 et JOUR 8	JOUR 2 et JOUR 9	JOUR 3 et JOUR 10
PETIT DÉJEUNER	• L'une des trois options de petit déjeuner (page 47).	• L'une des trois options de petit déjeuner (page 47).	• L'une des trois options de petit déjeuner (page 47).
DÉJEUNER	• Soupe aux tomates minute (page 50). • Sandwich au thon et aux cressons (thon dans de l'eau salée, égoutté et mélangé aux cressons, entre 2 tranches de pain de blé entier tartinées de substitut de beurre allégé). • 1 portion de fruit, si non rassasié (sinon, réserver pour la collation du milieu de l'après-midi).	• œufs à la florentine (page 51). • 1 tranche de pain de blé entier (facultatif). • 6 à 8 abricots séchés bien charnus et prétrempés, avec 3 ou 4 moitiés de noix de Grenoble ou 2 noix du Brésil.	• Salade de chou aux arachides (page 50). • 1 bagel nature. • 2 kiwis pelés et tranchés mince agrémentés de 1 cuillerée à soupe de yogourt écrémé nature et de 1 cuillerée à dessert de graines de citrouille.
DÎNER	• Pâté au poisson crémeux (page 54). • Choux de printemps ou épinards. • 2 à 3 cuillerées à soupe de crème glacée au yogourt faible en gras, agrémentée de morceaux de fruits frais (facultatif).	• Bœuf épicé aux abricots (page 56). • Légumes et 1 ou 2 pommes de terre bouillies en purée avec un peu de lait de votre ration alimentaire quotidienne. • Crème à la vanille au four (page 59).	• Poulet sauté au citron (page 57). • 200 ml (7 oz liq.) de yogourt écrémé aux abricots additionné de 2 abricots frais ou séchés et prétrempés

JOUR 4 et JOUR 11	JOUR 5 et JOUR 12	JOUR 6 et JOUR 13	JOUR 7 et JOUR 14
• L'une des trois options de petit déjeuner (page 47).	• L'une des trois options de petit déjeuner (page 47)	• L'une des trois options de petit déjeuner (page 47)	• L'une des trois options de petit déjeuner (page 47)
• Fruits de mer et tomates sur pain Granary (page 52). • 1 pomme.	• Soupe aux lentilles épicée (page 53). • Sandwich à la salade (facultatif), constitué de 2 tranches de pain de blé entier et de substitut de beurre allégé de votre ration alimentaire quotidienne. • 100 à 200 g (3½ à 7 oz) de yogourt allégé (facultatif).	• Sandwich grillé au fromage (2 tranches de pain de seigle léger, légèrement tartiné de substitut de beurre allégé de votre ration alimentaire quotidienne, et 50 à 75 g (2 à 3 oz) de fromage cottage allégé, assaisonné de ciboulette et de 2 cuillerées à thé de fromage parmesan râpé). • 3 prunes ou reines-claudes fraîches.	• Salade de fruits à volonté, incluant au moins un agrume (p. ex. pamplemousse ou orange), 1 pomme et/ou une poire, petits fruits et fruits à chair tendre de la saison. Servir agrémenté de 2 cuillerées à soupe de fromage cottage allégé et saupoudré de 1 cuillerée à soupe de graines de sésame, préférablement grillées.
• Rognons courtisane au chou (page 56). • 1 ou 2 pommes de terre bouillies. • 2 ou 3 cuillerées à soupe de compote de pommes froide, parfumée d'un peu de cardamome.	• Salade niçoise (page 55). • 100 à 200 g (3½ à 7 oz) de fromage frais allégé, accompagné de 2 kiwis pelés et coupés en morceaux.	• Porc à l'orange (page 58). • Légumes verts, tels que choux de Bruxelles ou épinards. • 3 à 4 cuillerées à soupe de riz complet bouilli. • 1 poignée de cerises fraîches et 5 ou 6 amandes écalées.	• Poisson tartare minute (page 55). • 1 ou 2 pommes de terre en purée farineuses. • Haricots verts. • 3 à 4 cuillerées à soupe de fruits frais en morceaux, agrémentés d'un peu de yogourt nature allégé et de 1 cuillerée à thé de cassonade. Dorer sous un grill préchauffé jusqu'à ce que caramélisé.

Soupe aux tomates minute

Pour deux personnes

350 à 450 ml (12 à 15 oz liq.) de bouillon de poulet ou de bouillon de légumes maisun (voir page 37)

6 tomates, tranchées, ou 400 g (13 oz) de tomates en conserve, tranchées

1 cuillerée à soupe de pâte de tomates séchées

1 petit oignon, finement émincé

75 à 125 g (3 à 4 oz) de restes de légumes à calories négatives (voir page 27) qui ont cuit sans huile ni gras (facultatif)

2 branches d'origan ou de marjolaine ou ½ cuillerée à thé d'origan séché

un trait de sauce Worcestershire ou une pincée d'assaisonnement au chili

4 cuillerées à thé de yogourt nature et feuilles de basilic, pour garnir.

1 Chauffer le bouillon maison. Ajouter les tomates et leur jus, la pâte de tomate, l'oignon, les restes de légumes (s'il y en a), ainsi que l'origan et la marjolaine.

2 Amener tout juste au point d'ébullition, puis baisser le feu et laisser mijoter de 5 à 10 minutes, en brassant de temps à autre. Ajouter la sauce Worcestershire ou l'assaisonnement au chili, au goût. Si désiré, verser dans un mélangeur ou un robot culinaire et mélanger légèrement. Servir garni de volutes de yogourt et parsemé de feuilles de basilic.

Salade de chou aux arachides

L'humidité des légumes fraîchement râpés imbibe délicieusement la salade de chou et l'oignon lui fournit un élan de saveur. Ainsi, nul besoin d'autre assaisonnement que du poivre frais moulu. Cependant, vous pouvez, si vous le désirez, y ajouter une vinaigrette simple composée de 2 cuillerées à thé d'huile d'olive, 1 cuillerée à thé de miel clair et 1 cuillerée à thé de jus de citron.

Pour une personne

75 à 125 g (3 à 4 oz) de chou frais, ciselé en fines lanières

½ à 1 petit oignon, finement râpé

1 carotte, finement râpée

1 cuillerée à dessert de raisins de Smyrne

50 g (2 oz) d'arachides séchées ou rôties non salées

poivre noir

1 Mélanger dans un saladier le chou, l'oignon et la carotte.

2 Ajouter les raisins de Smyrne et les arachides et assaisonner de poivre noir, au goût.

Œufs à la Florentine

Les œufs fournissent des protéines et les épinards fournissent du fer, du calcium et du magnésium pour la combustion des graisses, tout en étant une source de calories négatives. À défaut d'épinards frais, utilisez des épinards surgelés.

Pour une personne

100 à 200 g (3½ à 7 oz) d'épinards frais
1 cuillerée à soupe d'eau
1 cuillerée à thé de vinaigre
1 gros œuf ou 2 petits œufs
noix muscade fraîchement râpée
sel et poivre

1 Rincer les épinards et placer dans une grande casserole avec la cuillerée à soupe d'eau. Couvrir et cuire à feu moyen de 1 à 2 minutes, pour ramollir. Assaisonner au goût.

2 Lorsque cuits, couper grossièrement les épinards à l'aide d'un couteau coupant et transférer dans une assiette de service.

3 Entre-temps, porter jusqu'à légère ébullition 2,5 cm (1 po) d'eau dans un poêlon. Ajouter le vinaigre, qui permettra aux œufs de figer sans se disperser. Casser les œufs dans une soucoupe et les glisser doucement dans l'eau bouillante. Cuire juste assez longtemps pour que le blanc prenne et que le jaune demeure liquide. Retirer les œufs pochés à l'aide d'une cuillère à égoutter et déposer sur les épinards. Assaisonner avec une bonne quantité de noix muscade, du sel et du poivre.

Fruits de mer et tomates sur pain Granary

Cette collation, avec ses coques et ses bigorneaux, plaira sûrement à toute la famille. Elle rappellera à vos souvenirs l'époque paisible et calme où l'on pouvait acheter directement du poissonnier des cornets de ce que l'on appelle maintenant « fruits de mer », que l'on dégustait, avec le plus grand délice, agrémentés de beurre et de vinaigre et accompagnés d'un guignon de pain. De nos jours, de nombreuses personnes n'y ont même jamais goûté.

Pour une personne

125 g (4 oz) de mollusques et de crustacés
    cuits (tels que bigorneaux, buccins, coques)
    écalés ou 250 g (8 oz) si non écalés
vinaigre de malt, au goût
poivre

EN GUISE D'ACCOMPAGNEMENT :
1 gros quignon de pain Granary
    substitut de beurre allégé, pour tartiner
2 tomates mûries au soleil (facultatif)

1 Enlevez les petits écrans protecteurs bruns des bigorneaux et des buccins en utilisant un bâtonnet à cocktail (les coques viennent sans écrans protecteurs), fouiller ensuite l'intérieur de la coquille pour détacher la chaire délicieuse.

2 Asperger les fruits de mer de vinaigre de malt, saupoudrer d'un peu de poivre et déguster avec un quignon de pain Granary frais, tartiné d'une lichette de substitut de beurre allégé. Une ou deux tomates mûries au soleil accompagneront agréablement ce goûter.

Soupe aux lentilles épicée

Ne soyez pas étonné si, alléchés par les arômes, tous les membres de la famille réclament cette soupe des plus goûteuses et extrêmement rapide à préparer. Les lentilles rouges n'ont pas besoin de prétrempage. Elles se conservent dans des pots hermétiques ou autres contenants pendant un an.

Pour une ou deux personnes

50 à 75 g (2 à 3 oz) de lentilles rouges
1 oignon, tranché très mince
1 gousse d'ail, écrasée (facultatif)
350 à 450 ml (12 à 15 oz liq.) de bouillon
    de poulet ou de bouillon de légumes maison
    (voir page 37)
½ cuillerée à thé de pâte de cari semi-douce
jus de citron, au goût
crème fraîche allégée et feuilles de coriandre
    déchiquetées, pour garnir

1 Rincer les lentilles et placer dans une casserole avec le bouillon, l'oignon (et l'ail, si désiré).

2 Amener à ébullition, puis réduire le feu. Ajouter la pâte de cari, brasser et couvrir. Les lentilles et l'oignons mettent environ 20 minutes à cuire. Ajouter un peu d'eau si cela est nécessaire.

3 Après la cuisson, passer la soupe au mélangeur ou au robot culinaire et ajouter du jus de citron, au goût. Verser dans des bols à soupe, garnir de tourbillons de crème fraîche et saupoudrer de feuilles de coriandre.

Pâté au poisson crémeux

Le poisson est une excellente source de protéines pour brûler la graisse. Le maïs et les fèves au four ont un faible taux de glucides et le lait est une source de calcium et de magnésium, minéraux utiles à l'énergie de l'organisme et à la santé des dents et des os.

Pour une personne

- 1 ou 2 pommes de terre pelées et coupées en morceaux
- 125 à 175 g (4 à 6 oz) de filet de poisson blanc (colin, goberge, morue)
- 4 à 5 cuillerées à soupe de lait entier
- 125 g (4 oz) de champignons de Paris tranchés (facultatif)
- 2 à 3 cuillerées à soupe de maïs sucré ou de fèves au four en conserve « sans sucre ajouté »
- poivre blanc ou noix muscade fraîchement râpée, au goût

1 Faire cuire les pommes de terre dans de l'eau bouillante jusqu'à ce qu'elles soient tendres.

2 Placer le poisson dans un grand plat résistant à la chaleur et pouvant être utilisé sur la cuisinière ou au four à micro-ondes. Couvrir d'un peu de lait et assai-sonnez de poivre ou de noix muscade.

3 Pour cuire le poisson à la vapeur, placer le plat au-dessus d'une casserole d'eau bouillante. Couvrir et étuver à feu doux pendant 5 ou 6 minutes ou jusqu'à ce que le poisson soit cuit. Pour cuire le poisson au four à micro-ondes, couvrir et faire cuire à la puissance moyenne, en vérifiant fréquemment la cuisson. Prévoir environ 2 minutes par filet, en tenant compte de l'épaisseur du poisson et de la puissance en watts du four.

4 Placer les champignons et le maïs dans une petite casserole. Couvrir et cuire à feu doux pendant quelques minutes. Égoutter et réserver au chaud.

5 Placer le poisson et son jus de cuisson dans une assiette allant au four. Ajouter un peu de lait si le poisson vous semble trop sec. Recouvrir du mélange de champignons et de maïs.

6 Égoutter et piler les pommes de terre en y incorporant le reste du lait pour leur donner une consistance crémeuse. Assaisonner de noix muscade. Étendre la purée de pommes de terre au-dessus du poisson et du mélange de champignons et de maïs. Faire griller dans un four pré-chauffé et servir.

Salade niçoise

Pour une personne

¼ d'une laitue romaine grossièrement hachée
3 ou 4 tomates cerises coupées en deux
6 oignons verts émincés
5 cm (2 po) de concombre non pelé, coupé
   en morceaux
1 œuf dur coupé en quatre
4 filets d'anchois en conserve dans de l'huile
   d'olive égouttés (réserver l'huile d'olive)
4 olives noires dénoyautées
jus de citron, au goût
poivre noir

En guise d'accompagnement :
1 bagel à grain entier
125 à 175 g (4 à 6 oz) de thon frais grillé ou
   de thon en conserve dans de l'eau salée
   (facultatif)

1 Rassembler tous les ingrédients et les disposer dans une assiette ou un bol à salade. Garnir la salade d'un peu d'huile provenant de la boîte d'anchois, de jus de citron et de poivre noir.

2 Servir avec un bagel à grain entier. Pour un apport accru de protéines, servir avec une tranche de thon frais grillé ou du thon en conserve dans de l'eau salée.

Poisson tartare minute

Idéal servi accompagné de pommes de terre farineuses en purée nature qui auront préalablement trempé dans leur eau de cuisson.

Pour une personne

175 à 250 g (6 à 8 oz) de filet de morue
1 cuillerée à thé d'huile d'olive
1 cuillerée à thé de jus de citron
3 ou 4 branches de persil ou de fenouil
   hachées
1 cornichon émincé
6 à 8 câpres égouttées, rincées et émincées
sel et poivre

1 Placer la morue dans un grand plat résistant à la chaleur et pouvant être utilisé sur la cuisinière ou au four à micro-ondes. Arroser d'huile et de jus de citron et saupoudrer d'herbes, de morceaux de cornichon et de câpres. Assaisonner légèrement.

2 Pour cuire le poisson à la vapeur, placer le plat au-dessus d'une casserole d'eau bouillante. Couvrir et étuver à feu doux pendant 7 à 9 minutes ou jusqu'à ce que le poisson soit cuit et que la chair se défasse facilement. Variante : Pour cuire le poisson au four à micro-ondes, couvrir et faire cuire à la puissance moyenne pendant 3 à 4 minutes, en vérifiant fréquemment la cuisson, jusqu'à ce que le poisson soit cuit et que la chair se défasse facilement.

Rognons courtisane au chou

Cette recette est ainsi appelée parce que les rognons y sont rougeoyants d'audace et d'impertinence; cuits juste le temps qu'il faut pour atteindre la couleur rose pâle. Si vous le préférez, vous pouvez les remplacer par 175 g (6 oz) de poitrine de poulet désossée et sans peau.

Pour une personne

2 cuillerées à thé d'huile d'olive
1 oignon tranché mince
2 rognons d'agneau, nettoyés et parés, coupés en deux
½ à 1 cm (¼ à ½ po) de racine de gingembre frais, râpé ou très finement tranché
un trait de sauce Worcestershire
1 grosse poignée de chou en lanières
1 cuillerée à soupe de jus de citron
poivre blanc et succédané de sel faible en sodium

1 Faire chauffer l'huile dans un grand poêlon. Ajouter l'oignon tranché. Couvrir hermétiquement et faire cuire jusqu'à tendreté. Ajouter les rognons, le gingembre et la sauce Worcestershire, couvrir de nouveau et faire cuire de 4 à 5 minutes à feu bas ou moyen.

2 Retirer les rognons du poêlon à l'aide d'une cuillère à égoutter, les déposer dans une assiette et réserver au chaud.

3 Mettre le chou et le jus de citron dans le poêlon et faire cuire à feu bas ou moyen, en brassant de temps à autre. Ajouter un peu d'eau chaude si le chou semble trop sec. Assaisonner de poivre blanc et de succédané de sel. Incorporer les rognons cuits et leur jus au chou cuit. Servir immédiatement.

Bœuf épicé aux abricots

Pour une personne

1 cuillerée à thé d'huile d'olive
1 oignon, tranché mince
2 ou 3 gousses d'ail, écrasées ou finement hachées
1 bâton de cannelle, coupé en deux
75 à 125 g (3 à 4 oz) de bœuf haché maigre ou de poulet de premier choix
1 poireau, tranché
2 abricots pelés, dénoyautés et coupés en morceaux
1 cuillerée à thé de zeste d'orange râpé
le jus de 1 orange
2 cuillerées à thé de racine de gingembre, finement hachée
sel et poivre

1 Faire chauffer l'huile d'olive dans une poêle. Ajouter l'oignon, l'ail et la cannelle, couvrir et dorer à feu doux.

2 Ajouter le bœuf haché ou le poulet aux oignons brunis et cuire à feu doux, en brassant constamment, pendant 5 minutes.

3 Lorsque la viande est brunie et bien cuite, ajouter le poireau, les abricots, le zeste d'orange et le gingembre. Couvrir et cuire pendant encore 8 à 10 minutes, jusqu'à ce que les légumes soient tendres. Assaisonner au goût, enlever et jeter la cannelle. Servir.

Un conseil

Si vous aimez le foie, vous pourriez remplacer le bœuf haché par le même poids de foie d'agneau tranché mince, pour un repas riche en fer, en vitamines B et en protéines de premier choix.

Poulet sauté au citron

Pour une personne

1 cuillerée à thé d'huile d'olive
1 petit oignon, tranché mince
1 grosse gousse d'ail, écrasée ou finement
    émincée
125 g (4 oz) de poitrine de poulet désossée
    et sans peau, en cubes
1 cuillerée à dessert de zeste de citron râpé
5 ou 6 épis de maïs miniatures, fendus en
    diagonale
75 à 125 g (3 à 4 oz) pois mange-tout,
    tranchés en diagonale
1 cuillerée à soupe de jus de citron
une pincée de cumin
1 tranche de pain français grillée ou 3 à
    4 cuillerées à soupe combles de riz complet
    bouilli, en guise d'accompagnement.

1 Faire chauffer l'huile d'olive dans un
poêlon ou un wok. Ajouter l'oignon et
l'ail, couvrir hermétiquement et cuire
jusqu'à tendreté.

2 Ajouter les dés de poulet, le zeste de
citron et les épis de maïs miniatures et
faire cuire pendant cinq minutes. Incorporer les pois mange-tout, le jus de citron
et le cumin, couvrir et poursuivre la
cuisson pendant encore 5 minutes, jusqu'à
ce que le poulet soit complètement cuit.

3 Servir accompagné d'une tranche de
pain français grillée ou d'un peu de riz
complet bouilli nature.

Porc à l'orange

Pour une personne

125 à 175 g (4 à 6 oz) de filet de porc,
    dégraissé
1 cuillerée à thé de zeste d'orange râpé
1 petite gousse d'ail, écrasée
les graines écrasées de 4 cosses de
    cardamome (facultatif)
1 cuillerée à thé d'huile d'olive
le jus de 1 orange
1 cuillerée à soupe de crème fraîche allégée
    ou de fromage frais allégé
1 poignée de cresson, haché
1 cuillerée à soupe de persil, émincé
sel et poivre

EN GUISE D'ACCOMPAGNEMENT :
riz complet
légumes verts tels que brocoli
    et pois mange-tout

1 À l'aide d'un couteau coupant, faire plusieurs incisions profondes dans le filet de porc pour former des goussets. Mélanger ensemble le zeste d'orange, l'ail, les graines de cardamome (si désiré) et un peu de sel et de poivre, et fourrer les goussets de ce mélange.

2 Faire chauffer l'huile dans un poêlon et bien en enduire la surface du poêlon. Placer le filet de porc dans le poêlon chaud, couvrir et cuire à feu doux, en retournant la viande fréquemment, 10 minutes de chaque côté, jusqu'à ce qu'elle soit bien cuite. Vérifier la cuisson en introduisant un couteau dans la viande : si les jus sont clairs, le porc est cuit. Retirer le filet de porc et réserver au chaud.

3 Ajouter dans le poêlon le jus d'orange, la crème fraîche ou le fromage frais, le cresson et le persil, et mouiller les sucs de cuisson. Une fois les jus bien réchauffés, verser sur le filet de porc et servir accompagné de riz et de légumes verts.

Jus de carottes et de céleri

C'est la boisson idéale au petit déjeuner si vous avez un extracteur à jus. Servez ce jus dès qu'il est extrait, car quelques-uns de ses précieux éléments nutritifs sont rapidement détruits lorsqu'ils sont exposés à l'air.

Pour une personne

2 carottes moyennes ou grosses
2 branches de céleri moyennes ou grosses
un trait de tabasco (facultatif)

1 Couper les carottes et le céleri en gros tronçons et passer à l'extracteur à jus. Ajouter le tabasco, si désiré. Servir immédiatement.

Variante

Substituer 1 pomme verte mûre aux branches de céleri pour un délicieux jus de pommes et carottes.

Crème à la vanille au four

Les œufs et le lait fournissent des protéines pour brûler les gras, tandis que l'extrait de vanille biologique pure est un vrai régal pour le palais.

Pour trois ou quatre personnes

600 ml (1 chopine) de lait partiellement écrémé
3 œufs
1 cuillerée à thé de miel clair
3 ou 4 gouttes d'extrait de vanille biologique pure
noix muscade fraîchement râpée, au goût
compote de fruits à tarte (tels que prunes Victoria ou prunes de Damas), en guise d'accompagnement

1 Chauffer le lait dans une casserole. Battre ensemble, dans un bol, les œufs, le miel et l'extrait de vanille. Incorporer au lait chaud en fouettant bien. Verser dans un plat allant au four ou dans 3 ou 4 ramequins individuels.

2 Placer dans une rôtissoire contenant 1 cm (½ po) d'eau froide et cuire dans un four préchauffé à 160 °C (325 °F), 3 pour les appareils au gaz, pendant environ 20 minutes, jusqu'à ce que la crème soit bien prise.

3 Servir chaud, tiède ou froid avec un peu de compote de fruit à tarte.

▶ **Régime de stabilisation de luxe –**

et tableau de 14 jours

▶ **Régime de stabilisation végétarien –**

et tableau de 14 jours

▶ **Régime de stabilisation divertissant –**

et tableau de 14 jours

▶ **Recettes**

5 Trois options de Régimes de stabilisation

Régime de stabilisation de luxe

Le Régime de luxe vous séduira si vous aimez cuisiner et appréciez les plats de choix. Les recettes contenues dans cette section ne sont pas toutes coûteuses à réaliser et aucune n'est compliquée. Le poulet aux légumes d'hiver, par exemple, est un plat simple de poulet mijoté lentement, accompagné des délicieux légumes d'hiver. L'assiette de merlan ne requiert que quelques minutes de préparation. Le dessert aux fraises agrémentées de crème fraîche et de Grand Marnier est un pur délice aux arômes d'orange. Les directives, les rations alimentaires quotidiennes et les options de petits déjeuners sont les mêmes que pour le Régime de stabilisation de base (voir pages 46 et 47).

Régime de stabilisation végétarien

Cette version conviendra aux végétariens qui consomment des œufs et des produits laitiers, mais elle peut être adaptée aux besoins des végétariens. Comme toujours, suivez le régime à la lettre. Vous pouvez choisir d'écarter un aliment que vous n'aimez pas, mais demeurez attentif aux substitutions que vous faites. Les lignes directrices, les rations alimentaires quotidiennes et les choix de petits déjeuners sont les mêmes que pour le Régime de stabilisation de base (voir pages 46 et 47). Cependant, les végétariens pourront faire leurs potages pour brûler les gras avec des bouillons de légumes plutôt que des fonds de poulet. Les végétariens pourront remplacer les produits laitiers et les œufs par des substituts appropriés.

Rappelez-vous

Suivez le régime à la lettre. Écartez un aliment que vous n'aimez pas, mais remplacez-le par un équivalent nutritionnel très rapproché. Substituez les ingrédients toujours sur des bases identiques et en quantités similaires. Il est également judicieux de comparer le nombre de calories. Par ailleurs, continuez à «grignoter» des repas légers et des collations toutes les 3 ou 4 heures. Buvez beaucoup d'eau et prenez du potage pour brûler les gras (voir page 36) ou des légumes à calories négatives (voir page 27) dès que vous avez faim.

Régime de stabilisation divertissant

Bienvenue dans le Régime de stabilisation divertissant, le troisième choix de Régime de stabilisation ABG conçu pour établir votre nouveau poids. Trois repas par jour en plus de collations vous reposeront du Régime d'amaigrissement rapide ABG. Les menus, qui incluent une vaste sélection d'aliments brûle-graisse, vous présentent une foule de délicieuses idées pour une alimentation santé.

Le Régime de stabilisation divertissant vous aidera plus particulièrement à maintenir votre perte de poids (et peut-être à en perdre un peu plus) lorsque vous êtes en vacances ou que vous cuisinerez pour des invités. Ces situations connues pour mettre à l'épreuve la résistance des personnes les plus engagées dans leur régime, et qui peuvent ramener au galop les kilos perdus avec tant d'efforts.

Votre application et votre engagement sont toujours nécessaires! Aucune formule magique ne peut vous permettre de consommer de la malbouffe à l'occasion de fêtes sans regagner le poids que vous aviez perdu. Mais après vos 14 jours de Régime d'amaigrissement rapide ABG, vous devriez être déjà plus léger qu'avant, plus en forme, plus énergique et même plus déterminé que jamais à réussir. La première priorité du Régime d'amaigrissement ABG est de vous permettre d'atteindre votre poids cible en faisant fondre cette graisse récalcitrante. Sa deuxième priorité est de vous aider à maintenir votre nouveau poids grâce à votre connaissance des aliments ayant un potentiel « brûle-graisse ».

Comme toujours, l'accent est mis sur les fruits et les légumes frais, crus ou légèrement cuits, les glucides à grain entier et les protéines ayant un potentiel élevé de brûler les graisses. Peu de recettes sont dispendieuses ou compliquées à réaliser et bon nombre de repas seront appréciés par la famille tout entière. N'oubliez pas que les repas pris à l'extérieur et les divertissements supposent des aliments figurant hors des limites de votre menu hebdomadaire et souvent perçus comme des friandises.

Des versions plus économiques vous viendront certainement à l'esprit et vous pourrez les adapter de manière inventive, pourvu que vous remplaciez toujours les ingrédients sur des bases identiques. Par exemple, vous pourriez remplacer un poisson blanc par un autre poisson blanc, du pain de seigle par du pain complet, du fromage cottage allégé par du fromage frais ou par une quantité réduite de moitié de fromage à pâte dure tel que du cheddar allégé.

Les conseils, les directives, les rations alimentaires quotidiennes et les options de petits déjeuners sont les mêmes que ceux du Régime de stabilisation de base (voir pages 46 et 47).

Régime de stabilisation de luxe de 14 jours

	JOUR 1 et JOUR 8	JOUR 2 et JOUR 9	JOUR 3 et JOUR 10
PETIT DÉJEUNER	• L'une des trois options de petit déjeuner (page 47).	• L'une des trois options de petit déjeuner (page 47).	• L'une des trois options de petit déjeuner (page 47).
DÉJEUNER	• Avocat et crevettes sur pain de seigle (page 72). • 1 pêche ou 2 prunes à dessert mûres.	• Œufs de morue fumés sur biscotte Melba (page 73). • 3 ou 4 abricots frais ou 50 g (2 oz) d'abricots séchés, qui ont trempé depuis la veille.	• Truite fumée et salade arc-en-ciel (page 80). • 1 poignée de raisins noirs ou blancs.
DÎNER	• Bifteck pour brûler les gras Diane (page 86). • Brocoli vapeur. • Une petite ou moyenne pomme de terre au four nappée d'un peu de sauce fermière (page 80). • 1 épaisse tranche d'ananas frais ou 1 banane tranchée garnie d'un peu de yogourt nature allégé.	• Agneau croustillant aux herbes et choux de printemps (page 88). • 1 pomme de terre bouillie en purée avec un peu de lait de votre ration alimentaire quotidienne. • Gelée au citron faite avec 300 ml (½ chopine) d'eau, servie avec 1 pomme coupée en morceaux.	• Assortiment de grillades (page 89). • Salade de cresson, orange et menthe (page 76). • 3 à 4 cuillerées à soupe de riz complet bouilli avec 1 cuillerée à soupe de jus de citron ou de lime et 2 cuillerées à soupe de persil haché. • Fraises à la crème fraîche et au Grand Marnier (page 101).

JOUR 4 et JOUR 11	JOUR 5 et JOUR 12	JOUR 6 et JOUR 13	JOUR 7 et JOUR 14
• L'une des trois options de petit déjeuner (page 47).	• L'une des trois options de petit déjeuner (page 47).	• L'une des trois options de petit déjeuner (page 47).	• L'une des trois options de petit déjeuner (page 47).
• Épinards poêlés aux œufs et au beurre aux herbes (page 83). • Un dessert astringent après un riche plat principal, peut-être un remontant aux agrumes et à la menthe (page 101).	• Champignons farcis aux courgettes (page 84). • 1 tranche de pain de blé entier. • Salade poivrée de cresson, de roquette et de radis (page 77). • 6 prunes séchées prétrempées et 10 à 12 noix de macadamia.	• Hors-d'œuvre au poulet à l'italienne (page 70). • 2 kiwis.	• Salade de sardines fraîches et taboulé aux agrumes et à la menthe (page 74). • Crème de kaki (page 103).
• Poulet et légumes d'hiver (page 89). • 1 ou 2 pommes de terre bouillies. • Légumes verts tels que choux de Bruxelles, épinards et brocoli. • Fanfare de fruits (voir page 102).	• Vermicelle aux fruits de mer nappé de sauce tomates et champignons (page 95). • Yogourt aux noix de Grenoble et au miel (page 102).	• Assiette de merlan aux haricots verts et pommes de terre Cayenne (page 96). • Salade de fruits frais composée de ½ pamplemousse, 2 ou 3 tranches d'ananas et 1 poire, agrémentée d'un peu de cannelle moulue.	• Dinde épicée sur un lit de pommes de terre (page 91). • Gourganes. • Pomme cuite à l'ancienne (page 103).

Régime de stabilisation végétarien de 14 jours

	JOUR 1 et JOUR 8	JOUR 2 et JOUR 9	JOUR 3 et JOUR 10
PETIT DÉJEUNER	• L'une des trois options de petit déjeuner (page 47).	• L'une des trois options de petit déjeuner (page 47).	• L'une des trois options de petit déjeuner (page 47).
DÉJEUNER	• Céleri et carottes coupées en bâton et fleurons de brocoli et 2 cuillerées à soupe mayonnaise hypocalorique, pour faire trempette. • 2 ou 3 biscottes. • 1 fruit complet (tel que pomme ou orange).	• Salsa au fromage cottage sur pain grillé (page 72). • 2 ou 3 mandarines.	• Tomates grappe sur pain grillé (page 75). • 15 à 20 raisins noirs ou blancs.
DÎNER	• Saucisses végétariennes et purée de pommes de terre aux tomates et aux herbes fraîches (page 97). • 100 à 200 g (3½ à 7 oz) de yogourt nature allégé agrémenté de 2 cuillerées à thé de miel et de racine de gingembre finement émincée.	• Flageolets et champignons savoureux (page 100). • Choux de Bruxelles. • 1 tranche de pain de blé entier grillée. • Poires grillées à l'avoine et à la crème de framboise (page 104).	• Omelette aux herbes (page 85). • Petite pomme de terre au four. • Salade de céleri, pomme et laitue. • Gelée au citron faite avec 300 ml (½ chopine) d'eau, servie avec le contenu d'une petite boîte de mandarines.

JOUR 4 et JOUR 11	JOUR 5 et JOUR 12	JOUR 6 et JOUR 13	JOUR 7 et JOUR 14
• L'une des trois options de petit déjeuner (page 47).	• L'une des trois options de petit déjeuner (page 47).	• L'une des trois options de petit déjeuner (page 47).	• L'une des trois options de petit déjeuner (page 47).
• Champignons farcis aux courgettes (page 84). • 1 tranche de pain au levain grillée. • Salade de tomates et oignons verts (page 73). • 125 à 175 g (4 à 6 oz) de fraises.	• Salade chaude de haricots et herbes fraîches (page 78). • 1 épaisse tranche de pain de blé entier. • 75 à 125 g (3 à 4 oz) de framboises agrémentées d'un peu de miel clair, si désiré.	• Salade de chou minceur (page 81). • 1 tranche de pain au levain ou à l'orge. • 100 à 200 g (3½ à 7 oz) de yogourt nature ou à la vanille.	• Germes de haricots au soya et gingembre (page 85). • 1 quignon de pain de blé tendre ou 2 ou 3 cuillerées à soupe de riz entier bouilli. • 75 à 125 g (3 à 4 oz) de fruits en conserve dans leur jus naturel.
• Tomates et courgettes au four (page 98). • Salade de chicorée frisée à l'orange et aux olives noires (page 75). • 100 à 200 g (3½ à 7 oz) de yogourt aux fruits allégé additionné de morceaux de fruits frais.	• Tomates farcies (page 81). • Salade d'artichauts, d'endives et d'herbes fraîches (page 76) ou de chou chinois tranché et cuit lentement dans un bouillon de légumes additionné d'une gousse d'ail. • Abricots à la mode arabe (page 106).	• Légumes vapeur garnis de guacamole (page 99). • 1 tranche de melon garnie d'une cuillerée de fromage frais allégé réfrigéré et de 1 cuillerée à dessert de liqueur de melon (facultatif), versée juste au moment de servir.	• Artichauts sautés aux noix du Brésil (page 99). • Jeunes courgettes vapeur et oignons verts fraîchement cuits et émincés. • Pomme cuite à l'ancienne (page 103).

Régime de stabilisation divertissant de 14 jours

	JOUR 1 et JOUR 8	JOUR 2 et JOUR 9	JOUR 3 et JOUR 10
PETIT DÉJEUNER	• L'une des trois options de petit déjeuner (page 47).	• L'une des trois options de petit déjeuner (page 47).	• L'une des trois options de petit déjeuner (page 47).
DÉJEUNER	• Baudroie sautée et salade verte gem (page 94). • 1 tranche de pain de maïs ou de pain de blé entier. • 1 portion de fruits frais (p. ex. 15 cerises ou raisins).	• Potage aux topinambours (page 71). • 1 toast de pain de blé entier, crous-tillante et chaude. • Salade de satsumas et de cresson (page 76). • 1 pomme.	• Salade aux haricots verts et aux œufs (page 79). • 1 tranche de pain de maïs. • 1 ou 2 boules de crème glacée de premier choix, à teneur réduite en calories.
DÎNER	• Poulet aux légumes sautés à l'italienne (page 91). • Junket aux litchis et aux amandes (page 105).	• Bifteck à l'ail avec légumes printaniers (page 87). • Gratin chaud à l'ananas (page 104).	• Saumon citronné au persil et à l'estragon (page 93). • Tomates tranchées. • 1 pomme de terre en purée additionnée d'un peu de lait de la ration alimentaire quotidienne. • Croustade aux pommes et aux bleuets (page 107).

Ne laissez pas les divertissements perturber vos résolutions...

Comme toujours, suivez le régime à la lettre. Si vous écartez un aliment que vous n'aimez pas, assurez-vous de le remplacer par un aliment ayant un équivalent nutritionnel très rapproché : par exemple vous pourriez utiliser du homard, des crevettes ou de la chair de crabe blanc à la place du poisson dans la recette de baudroie sautée et salade verte gem (jour 1) ou rem-placer un légume particulier dans les recettes de salade par tout légume figurant dans la liste des aliments à calories négatives (voir page 27). Mais substituez toujours les ingrédients sur des bases identiques et en quantités similaires. Il est également judicieux de comparer le nombre de calories. Par exemple, prenez le temps de vérifier la quantité de matière grasse et le nombre de calories contenues dans les produits laitiers dits « faibles en gras ».

JOUR 4 et JOUR 11	JOUR 5 et JOUR 12	JOUR 6 et JOUR 13	JOUR 7 et JOUR 14
• L'une des trois options de petit déjeuner (page 47).	• L'une des trois options de petit déjeuner (page 47).	• L'une des trois options de petit déjeuner (page 47).	• L'une des trois options de petit déjeuner (page 47).
• Crevettes en sauce crémeuse au brandy (page 92). • Abricots à la mode arabe (page 106).	• Sandwich grillé au jambon fumé garni de légumes à salade (page 70). • 300 ml (½ chopine) de jus de pomme et carotte fraîchement extrait. • 1 poire mûre.	• Salade de crabe (page 82). • 1 rouleau croustillant de blé entier.	• Œufs aux truffes (page 83). • 1 portion de fruit frais tel que ½ ugli.
• Pâtes au saumon fumé et aux asperges (page 93). • 15 raisins noirs ou blancs de la meilleure qualité.	• Champignons farcis aux courgettes (page 84). • 1 tranche de pain ciabatta ou de blé entier ou une pomme de terre au four. • Si désiré, faire suivre d'un plat léger et riche en protéines, tel que 125 à 175 g (4 à 6 oz) de poisson blanc vapeur ou cuit au four à micro-ondes, ou de poitrine de poulet vapeur arrosée de jus de citron et servie garnie de 2 cuillerées à thé de zeste de citron fraîchement râpé. • Poires grillées à l'avoine et à la crème de framboise (page 104).	• Veau Schnitzel aux épinards et aux noix du Brésil (page 87). • 1 pomme de terre bouillie. • Un petit bol de cerises ou autre fruit frais.	• Poulet harissa aux piments (page 90). • Salade de roquette et de radis (page 77). • Dessert glacé aux groseilles rouges (page 106).

Hors-d'œuvre au poulet à l'italienne

Vous pouvez faire griller vous-même des piments rouges, si vous le préférez. Cependant, les piments en pots conservés dans de l'huile d'olive conviennent davantage aux sandwichs vite faits. Assurez-vous toutefois de bien éponger l'huile dans laquelle ils ont été conservés.

Pour une personne

3 ou 4 lanières de piments rouges à hors-d'œuvre dans de l'huile d'olive
2 cuillerées à soupe de fromage frais allégé
2 ou 3 branches de basilic, déchiquetées (facultatif)
2 tranches de pain de seigle noir (pumpernickel)
75 g (3 oz) de poulet cuit froid, tranché très mince

1 Placer les lanières de piments sur un papier absorbant pour bien éponger l'huile d'olive. Entre-temps, mélanger le fromage frais et le basilic, si désiré, et étendre le mélange sur les tranches de pain de seigle noir.

2 Garnir le pain de poulet et de lanières de piments rouges.

Variante

Vous pourriez remplacer les lanières de piment par d'autres légumes à hors-d'œuvre conservés dans de l'huile d'olive, tels que des champignons ou des cœurs d'artichauts. Prenez soin de bien les égoutter.

Sandwich grillé au jambon fumé garni de légumes à salade

Nul besoin de substitut de beurre allégé dans ce sandwich ; ni d'ailleurs dans beaucoup d'autres sandwichs.

Pour deux personnes

2 minces tranches de jambon fumé, dégraissées
4 tranches de pain de blé entier ou de pain aux graines de pavot
moutarde anglaise préparée, au goût
2 tranches de fromage suisse (tel que Emmental ou Gruyère) à teneur réduite en gras
4 cuillerées à soupe d'un mélange de légumes à salade (tels que luzerne, tomates cerises, concombre non pelé)

1 Déposer une tranche de jambon sur chacune des deux tranches de pain, tartiner de moutarde et garnir de fromage suisse.

2 Placer sous le grill préchauffé jusqu'à ce que le fromage forme des bulles. Garnir alors chaque sandwich de légumes à salade et recouvrir de la deuxième tranche de pain. Le pain imbibera le jus des légumes, de la viande et du fromage fondu.

Potage aux topinambours

Ce potage délectable peut être servi chaud ou froid. Les topinambours sont de petits tubercules noueux qui ressemblent aux racines de gingembre frais.

Pour trois ou quatre personnes

500 à 625 g (1 à 1¼ lb) de topinambours, pelés et finement tranchés
1 oignon, tranché mince
2 ou 3 feuilles de laurier
600 ml (1 chopine) de bouillon de poulet ou de bouillon de légumes maison (voir page 37) ou de l'eau
450 à 600 ml (¾ de chopine à 1 chopine) de lait partiellement écrémé
1 à 2 cuillerées à soupe de crème fraîche allégée
poivre de Cayenne et branches de cerfeuil, en guise de garniture

1 Placer le bouillon ou l'eau, les topinambours tranchés, l'oignon et les feuilles de laurier dans une grande casserole. Amener à ébullition et laisser mijoter jusqu'à ce que les légumes soient tendres.

2 Ajouter environ 450 ml (¾ de chopine) de lait. La quantité exacte dépend de la qualité de l'amidon des topinambours. Prolonger un peu la cuisson, puis retirer les feuilles de laurier et verser dans un robot culinaire ou un mélangeur. Mélanger pour obtenir une texture onctueuse. Au besoin, ajouter un peu de lait.

3 Pour servir, verser quelques traits de crème fraîche sur le potage, saupoudrer de poivre de Cayenne et garnir de cerfeuil.

Avocat et crevettes sur pain de seigle

Vous n'avez pas vraiment besoin de recette pour préparer ces populaires tartines.

Pour une personne

½ gros avocat mûr
1 ou 2 cuillerées à thé de jus de citron
2 tranches de pain de seigle entier, grillées
  si désiré
8 à 10 crevettes décortiquées et cuites
poivre noir
noix muscade fraîchement râpée

1 Couper la pelure de l'avocat en contournant le noyau et séparer les deux
moitiés.

2 Retirer le noyau et mettre dans un bol
  la chair de l'avocat. Réduire en purée en
y ajoutant du jus de citron et du poivre noir,
au goût.

3 Tartiner le mélange d'avocat sur le pain
  de seigle frais ou grillé. Garnir de crevettes et d'un peu de noix muscade, au goût.

Salsa au fromage cottage sur pain grillé

Pour une personne

75 à 125 g (3 à 4 oz) de fromage
  cottage allégé
2 ou 3 oignons verts, hachés
3 ou 4 radis, hachés
1 cuillerée à soupe de salsa aux tomates
  hypocalorique, non additionnée de sucre
1 tranche de pain de seigle

1 Mélanger ensemble dans un bol le
  fromage cottage, les oignons verts, les
radis et la salsa aux tomates.

2 Faire griller la tranche de pain, la
  tartiner du mélange au fromage cottage
et servir.

Œufs de morue fumé sur biscotte Melba

Les œufs de morue fumé sont souvent utilisés pour confectionner le tamarasalata. Ils constituent un délicieux goûter si vous êtes friand de caviar et que votre palais apprécie les saveurs de fumée.

Pour une personne

1 tranche de pain de blé entier
1 à 3 cuillerées à soupe d'œufs
  de morue fumé
jus de citron, pour asperger
petite salade verte composée de concombre
  non pelé et de feuilles de laitue croquantes

1 Transformer la tranche de pain en toast melba comme suit : faire griller la tranche jusqu'à ce qu'elle soit dorée. Laisser refroidir quelques secondes afin de pouvoir la toucher. Placer sur une surface de travail et, en la pressant fermement d'une main, glisser la lame d'un couteau dans la mie non grillée du pain, puis séparer la tranche horizontalement en deux minces tranches. Couper ces tranches en diagonale.

2 Faire griller les côtés non cuits et tartiner de caviar de morue, asperger de citron et servir avec une petite salade verte.

Salade de tomates et d'oignons verts

Pour une personne

1 petite laitue gem, débarrassée de ses
  feuilles extérieures
½ tomate séchée conservée dans de l'huile,
  égouttée
1 ou 2 tomates fraîches, tranchées
3 ou 4 oignons verts, émincés
3 ou 4 moitiés de noix de Grenoble, hachées
sauce fermière (voir page 80), au goût

1 Trancher la laitue en 6 ou 7 gros morceaux ronds et placer dans un saladier. Éponger la tomate séchée à l'aide d'un papier absorbant. Trancher aussi mince que possible et ajouter au saladier, de même que les tomates fraîches, les oignons verts et les noix de Grenoble.

2 Ajouter un peu de sauce fermière. Bien tourner les ingrédients et servir.

Salade de sardines fraîches et taboulé aux agrumes et à la menthe

Pour une ou deux personnes

1 citron
300 à 350 ml (10 à 12 oz liq.) de bouillon
    de poulet ou de bouillon de légumes
    maison (voir page 37)
50 à 75 g (2 à 3 oz) de blé bulgur
1 ou 2 cuillerées à thé d'huile d'olive
1 poignée de menthe, grossièrement hachée
2 ou 3 sardines fraîches moyennes ou gros-
    ses d'environ 50 à 75 g (2 à 3 oz) chacune
persil à feuille plate, en guise de garniture

1 Couper le citron en deux. Râper le zeste et presser le jus d'une moitié et réserver. Trancher la deuxième moitié en 4 morceaux.

2 Amener le bouillon à ébullition dans une petite casserole. Ajouter le blé bulgur, réduire le feu et cuire en suivant les indications sur l'emballage. Bien égoutter, puis ajouter 1 cuillerée à thé d'huile d'olive, le zeste et le jus de citron, et la menthe fraîche. Bien mélanger et réserver – ajouter un peu de bouillon si le taboulé semble trop sec.

3 Entre-temps, préparer les sardines. Écailler les poissons, puis enlever et jeter la tête, les ailerons, la queue et les entrailles. Rincer à l'eau courante fraîche et éponger à l'aide d'un papier absorbant. Cuire les sardines au barbecue ou sous le grill préchauffé et les retourner lorsqu'elles commencent à grésiller. Badigeonner d'un peu d'huile d'olive ou de jus de citron, si désiré; cependant le poisson contient normalement suffisamment d'huile pour cuire sans ajout de liquide.

4 Lorsque cuites, déposer les sardines sur le taboulé, garnir de tranches de citron et de persil à feuille plate et servir.

Tomates grappe sur pain grillé

Pour une personne

1 tranche de pain au levain
substitut de beurre allégé, pour tartiner
1 poignée de tomates cerises, coupées en deux, ou une grosse tomate grappe, tranchée
1 cuillerée à soupe de ciboulette ciselée
un trait de sauce Worcestershire

1 Faire griller la tranche de pain au levain des deux côtés puis tartiner de substitut de beurre allégé.

2 Déposer les tomates sur le pain grillé et placer sous un grill préchauffé pendant quelques minutes, jusqu'à ce que les tomates soient tendres.

3 Saupoudrer de ciboulette, asperger d'un peu de sauce Worcestershire et servir.

Salade de chicorée frisée à l'orange et aux olives noires

Pour une personne

1 chicorée frisée, nettoyée de ses feuilles externes
1 petite orange, pelée
4 ou 5 olives noires
un trait de vinaigre balsamique

1 Défaire les feuilles de chicorée et placer dans un saladier. Trancher l'orange et ajouter la pulpe et le jus à la chicorée.

2 Ajouter les olives et un trait de vinaigre balsamique. Bien tourner et servir.

Variante

Vous pouvez substituer des feuilles de radicchio à des feuilles de chicorée frisée pour ajouter de la couleur.

Salade d'artichauts, d'endives et d'herbes fraîches

Pour une personne

2 ou 3 cœurs d'artichauts dans l'huile, égouttés
5 ou 6 feuilles d'endives, déchiquetées
1 poignée d'herbes (telles que basilic, estragon, persil, cerfeuil), émincées
sauce fermière (voir page 80), au goût

1 Mélanger les légumes et les herbes dans un saladier. Ajouter la sauce, au goût, bien tourner et servir.

Salade de satsumas et de cresson

Pour deux personnes

2 poignées de cresson
4 satsumas, pelés et défaits en segments
4 noix de Grenoble marinées, en moitiés ou en morceaux

1 Mélanger le cresson et les segments de satsumas dans un saladier. Ajouter les noix de Grenoble et servir.

Variante

Mélanger 2 poignées de cresson, les segments de 2 oranges et quelques feuilles de menthe fraîche pour une saveur tout aussi fraîche et légèrement différente.

Salade de roquette et de radis

Essayer l'une ou l'autre de ces deux versions relevées de salade « brûle-graisse », qui accompagne particulièrement bien les plats au poulet et aux œufs.

Pour deux personnes

2 grosses poignées de roquette
6 à 8 feuilles de laitue romaine, hachée
morceau de 10 à 15 cm (4 à 6 po) de mooli, finement haché, ou 12 à 16 radis coupés en deux

SAUCE À SALADE :
4 cuillerées à soupe de vinaigre balsamique
2 cuillerées à thé de miel clair

1 Mettre dans un saladier la roquette et le mooli ou les radis.

2 Bien mélanger ensemble le vinaigre balsamique et le miel et verser sur la salade. Tourner le mélange pour bien enrober la salade et servir.

Variante

Mélanger 2 grosses poignées de cresson et 2 grosses poignées de roquette, ainsi que 12 à 16 petits radis, coupés en deux. Garnir cette salade de 4 cuillerées à soupe de jus d'orange fraîchement pressée bien mélangé à 2 cuillerées à thé de miel clair.

Salade chaude de haricots et herbes fraîches

Préparer ce plat pour un dîner à la maison ou placer – chaud ou froid – dans un thermos ou un contenant, pour un pique-nique ou comme repas à apporter.

Pour une ou deux personnes

125 g (4 oz) de gombo, tranché épais
1 grosse gousse d'ail, écrasée
5 ou 6 cuillerées à soupe d'eau
3 ou 4 cuillerées à soupe de haricots jaunes en conserve, égouttés et rincés
3 ou 4 cuillerées à soupe de haricots rouges en conserve, égouttés et rincés
1 cuillerée à thé de jus de citron ou de lime
1 cuillerée à thé d'huile d'olive
1 petite poignée d'herbes fraîches (telles que persil, estragon, cerfeuil, coriandre et aneth ou fenouil), hachées
poivre noir
1 épaisse tranche de pain de blé entier croûté, en guise d'accompagnement

1 Placer le gombo, l'ail et l'eau dans une petite casserole. Couvrir et amener à ébullition, puis laisser mijoter doucement de 3 à 4 minutes, jusqu'à tendreté. Égoutter.

2 Entre-temps, mettre à chauffer les haricots jaunes et les haricots rouges et le jus de citron à feu deux. Égoutter et ajouter le mélange de gombo, l'huile d'olive, les herbes et une pincée de poivre noir.

3 Brasser doucement et servir accompagné d'une tranche de pain entier croûté, avec laquelle vous pouvez éponger et récupérer les jus savoureux.

Variante

Vous pourriez substituer des haricots cannellini en conserve aux haricots jaunes et des haricots borlotti aux haricots rouges.

Haricots verts et salade aux œufs

Choisissez des haricots verts frais de belle apparence, équeutés et grossièrement tranchés. Pour varier, vous pouvez utiliser des pois sugar snap, des pois mange-tout ou de délicates asperges aussi appelée «sprues», pour un plat tout aussi délicieux, mais souvent moins coûteux à préparer.

Pour deux personnes

250 g (8 oz) de haricots verts, grossièrement tranchés
6 à 8 tomates cerises, coupées en deux
2 gousses d'ail, finement émincées
2 cuillerées à dessert noix de pin
2 cuillerées à thé d'huile d'olive
4 cuillerées à soupe de vinaigre balsamique
2 œufs à la coque, hachés
poivre noir
2 tranches de pain de maïs, en guise d'accompagnement

1 Dans une casserole d'eau bouillante, faire cuire les haricots (et autres légumes) à gros bouillon, de 5 à 10 minutes, jusqu'à tendreté.

2 Bien égoutter les légumes et remettre dans la casserole. Ajouter les tomates cerises, l'ail, une pincée de poivre noir, les noix de pin, l'huile d'olive et le vinaigre balsamique. Mélanger délicatement. Ajouter l'œuf dur émincé puis mélanger encore un peu.

3 Servir chaud, accompagné de pain de maïs.

Conseil

Pour faire griller les noix de pin, ce qui réveillera leur saveur, étendez-les sur une plaque à pâtisserie et mettez-les dans un four chaud ou sous un grill préchauffé pendant quelques minutes. Surveillez constamment et brasser les noix pour qu'elles grillent de manière uniforme. Ne quittez pas les noix de pin des yeux, car elles ont tendance à brûler rapidement, ce qui leur donnera un goût amer.

Truite fumée et salade arc-en-ciel

*Cette collation toute simple est consti-
tuée de lanières de truite fumée sur une
tranche de pain frais à l'orge et au blé
entier garnie d'un peu de salade
arc-en-ciel.*

Pour une personne

1 tranche de pain à l'orge ou de blé entier
75 à 125 g (3 à 4 oz) de truite fumée

SALADE ARC-EN-CIEL :
1 poignée de cresson ou de feuilles vertes
   (telles que cresson de fontaine,
   laitue, roquette)
1 tomate, tranchée
1 ou 2 tranches de betterave cuite
1 cuillerée à soupe comble de carotte râpée,
   de navet ou de panais, ou de grains
   germés
quelques lanières de piment jaune, vert
   ou rouge
6 ou 7 radis

SAUCE FERMIÈRE :
2 cuillerées à soupe de vinaigre de cidre
   ou de jus de pomme non sucré
1 cuillerée à thé de miel clair ou de miel
   en rayon
1 cuillerée à dessert d'herbes mélangées
   (telles que persil, estragon, cerfeuil,
   fenouil, aneth)
sel et poivre

1 Mettre dans un saladier tous les
ingrédients de la salade et bien
mélanger.

2 Pour faire la sauce à salade, placer
tous les autres ingrédients dans un pot
avec couvercle qui se visse et bien agiter.
Verser la sauce sur la salade et bien tourner
pour enduire la salade.

3 Disposer la salade sur le pain, garnir
de lanières de truite et servir.

Salade de chou minceur

Cette salade de chou est délicieusement juteuse et remplie d'antioxydants, de vitamines et de minéraux. Contrairement à la plupart des salades de chou avec vinaigrette, celle-ci est riche en goût et pauvre en calories. On peut trouver les graines d'oignons germées dans tous les bons supermarchés.

Pour une personne

¼ de petit chou
1 ou 2 carottes
2 cuillerées à dessert de graines d'oignons germées ou de ciboulette émincée
1 cuillerée à soupe de raisins secs
1 à 2 cuillerées à soupe de vinaigre balsamique

1 Râper finement le chou et les carottes dans un saladier. Ajouter les graines d'oignons germées ou la ciboulette émincée et les raisins secs.

2 Ajouter le vinaigre balsamique et bien mêler.

Tomates farcies

Pour une personne

2 grosses tomates
½ petit oignon rouge, émincé
1 cuillerée à thé d'huile d'olive
2 cuillerées à thé de noix de pin légèrement grillées (voir page 79)
¼ cuillerée à thé de piment de la Jamaïque moulu
1 cuillerée à soupe de raisins secs
2 ou 3 cuillerées à soupe de riz complet bouilli
sel et poivre de Cayenne
fromage frais allégé, en guise d'accompagnement

1 Tailler pour chacune des tomates une sorte de couvercle, puis évider les tomates en prenant garde de maintenir leur forme intacte. Faire revenir l'oignon dans l'huile. Ajouter les noix de pin et le piment de la Jamaïque et cuire jusqu'à ce que les noix de pin soient dorées. Incorporer la pulpe des tomates, les raisins secs, le riz, le sel et le poivre de Cayenne. Déposer délicatement le mélange dans les tomates et remettre les « couvercles » sur les tomates.

2 Placer les tomates farcies dans un petit plat allant au four et faire cuire dans un four préchauffé à 190 °C (375 °F), 5 pour les appareils au gaz, de 15 à 20 minutes, jusqu'à ce que des bulles se forment.

3 Servir très chaud accompagné d'un peu de fromage frais réfrigéré saupoudré de poivre de Cayenne.

Salade de crabe

Achetez de la chair de crabe fraîchement préparée par votre poissonnier local, ou demandez-lui de parer pour vous des crabes entiers si vous recevez et désirez servir à vos invités la chair dans la carapace. Vous pouvez aussi utiliser de la chair de crabe en conserve. Assurez-vous d'avoir un peu de viande foncée ; son goût prononcé contrebalance parfaitement la saveur douce et délicate de la chair blanche des pinces.

Pour deux personnes

2 cuillerées à soupe de germes de luzerne

2 poignées de cresson

2 poignées de laitue, grossièrement déchiquetée

2 tomates, coupées en quatre

10 cm (4 po) de concombre, non pelé et émincé

6 à 8 lanières de piment rouge, vert ou jaune

4 ou 5 oignons verts, hachés

175 à 250 g (6 à 8 oz) de chair de crabe

SAUCE À SALADE :

2 cuillerées à soupe de vinaigre de vin blanc

1 cuillerée à thé de sucre turbinado

2 cuillerées à soupe de menthe émincée

1 Assembler la salade en plaçant dans un saladier les légumes verts (luzerne, cresson, laitue), les tomates, le concombre, les lanières de piment et les oignons verts.

2 Pour faire la sauce à salade, placer le vinaigre, le sucre et la menthe dans un pot avec couvercle qui se visse et bien agiter. Verser la sauce sur la salade. Tourner pour bien enduire les légumes. Disposer la salade dans deux assiettes.

3 S'assurer que les assiettes ne contiennent aucun surplus d'eau de la salade de légumes, puis déposer une portion de chair de crabe dans chaque assiette et servir.

Œufs aux truffes

Ces œufs sont parfaits pour le brunch ou comme hors-d'œuvre. Vous aurez besoin d'un morceau de truffe de la taille d'un dé à coudre pour chaque personne. Les truffes peuvent être remplacées par du caviar ou par des œufs de lompe rouges ou noirs, moins chers mais tout aussi délicieux, ou par des œufs de morue, des filets d'anchois hachés menu, du saumon fumé, des olives noires ou de la ciboulette fraîche.

Pour deux personnes

2 œufs
2 petites truffes crues, brossées
2 tranches de pain, coupées en minces lanières

1 Faire cuire les œufs dans de l'eau bouillante pendant 3 minutes – dans cette recette, il est essentiel que le blanc des œufs soit cuit et que le jaune demeure liquide.

2 Laisser refroidir les œufs avant de les manipuler. Puis trancher un genre de « chapeau » à l'une des extrémités arrondies de l'œuf à l'aide d'un couteau coupant. Racler et retirer délicatement l'œuf des coquilles et déposer dans un bol. Laver les coquilles vides ainsi que le « chapeau », en retirant tout fragment oublié. Assécher et réserver. Mêler les petits morceaux de truffes et les œufs et remettre ce mélange dans les coquilles.

3 Servir les œufs accompagnés de minces lanières du pain de votre choix, pour faire trempette dans le mélange aux œufs.

Épinards poêlés aux œufs et au beurre aux herbes

Pour une personne

250 à 300 g (8 à 10 oz) de jeunes épinards frais, hachés
1 cuillerée à soupe d'eau
2 œufs
15 g (½ oz) de beurre
1 cuillerée à thé de jus de citron
1 cuillerée à soupe d'herbes émincées (telles que ciboulette, cerfeuil, estragon, aneth)
sel et poivre

1 Mettre les épinards et l'eau dans une casserole. Couvrir et cuire à feu moyen pendant 1 ou 2 minutes, ou jusqu'à ce que les épinards soient ramollis. Réserver au chaud.

2 Entre-temps, faire bouillir les œufs pendant environ 3 minutes, selon vos préférences. Le but étant de cuire les blancs d'œufs et de garder les jaunes liquides. Écaler les œufs lorsqu'ils sont suffisamment refroidis pour être manipulés.

3 Faire chauffer le beurre avec le jus de citron. Retirer du feu et incorporer les herbes et un peu de sel et de poivre. Disposer les œufs écalés sur les épinards et arroser de beurre aux herbes.

Variante

Vous pouvez préparer ce plat avec des œufs de caille, qui sont délicieux lorsque légèrement cuits. Remplacez un œuf de poule par deux œufs de caille et laissez bouillir seulement deux minutes. Les œufs de caille sont plutôt difficiles à écaler.

Champignons farcis aux courgettes

Pour deux personnes

2 très grands champignons plats
1 gousse d'ail, écrasée
2 cuillerées à thé de sauce au raifort
   piquante ou de raifort frais finement râpé
2 cuillerées à thé de jus de citron
75 g (3 oz) de noix de Grenoble, hachées
1 petite courgette, râpée
2 cuillerées à thé de romarin haché
½ petit oignon, finement haché
2 cuillerées à thé d'huile d'olive
sel et poivre
tiges de ciboulette, en guise de garniture
feuilles de laitue, pour servir

1 Enlever et jeter les pieds de champignons et placer les chapeaux, lamelles tournées vers le haut, dans un plat peu profond pouvant aller au four. Mélanger ensemble, dans un petit bol, l'ail, le raifort et le jus de citron et assaisonner au goût. Étendre ce mélange uniformément sur les champignons.

2 Mélanger ensemble les noix de Grenoble, la courgette, le romarin, l'oignon, le sel et le poivre et saupoudrer ce mélange sur les champignons, puis presser légèrement.

3 Asperger d'huile d'olive et cuire dans un four préchauffé à 190 °C (375 °F), 5 pour les appareils au gaz, de 25 à 30 minutes, jusqu'à ce que ce soit bien doré. Servir chaud, sur des feuilles de laitue, garni de cerfeuil.

Germes de haricots au soya et gingembre

Ce repas, des plus délicieux et satisfaisants, peut être facilement préparé et consommé durant une toute petite heure de dîner.

Pour une personne

250 g (8 oz) de germes de haricots
50 à 75 g (2 à 3 oz) de pousses de bambou ou de châtaignes en conserve, égouttées et finement tranchées
sauce soya faible en sodium
½ à 1 cm (¼ à ½ po) de racine de gingembre frais, finement émincée
1 cuillerée à soupe d'arachides ou de noix d'acajou non salées

1 Immerger les germes de haricots dans une casserole d'eau bouillante et laisser bouillir environ 30 secondes ou jusqu'à tendreté. Ajouter les pousses de bambou ou les châtaignes et faire cuire quelques secondes pour bien réchauffer le tout.

2 Bien égoutter, remettre dans la casserole et ajouter la sauce soya, le gingembre et les noix. Transférer dans un saladier.

Omelette aux herbes

Ne vous préoccupez pas trop de la technique : les omelettes un peu défaites sont tout aussi délicieuses que celles qui sont bien plates et uniformes. L'important est de ne pas les laisser brûler.

Pour une personne

1 cuillerée à thé de substitut de beurre allégé
2 œufs moyens ou gros
1 cuillerée à soupe d'eau froide
2 cuillerées à soupe d'herbes hachées (telles que ciboulette, persil, estragon)
sel et poivre

1 Faire chauffer le gras dans un poêlon antiadhésif ou une poêle à omelette jusqu'à température moyenne.

2 Entre-temps, casser les œufs dans un bol propre et sec, ajouter de l'eau, du sel et du poivre et battre à la fourchette ou au fouet, en incorporant les herbes, jusqu'à consistance lisse et écumeuse.

3 Quand le grésillement du gras se fait entendre, verser les œufs et incliner le poêlon de manière à bien étendre le mélange. Quand l'omelette commence à cuire sur ses pourtours, gratter les bords vers le centre du poêlon à l'aide d'une spatule pour permettre au mélange encore liquide de s'étaler et de cuire sur la surface chaude.

4 Quand l'omelette semble bien prise, secouer vigoureusement le poêlon pour s'assurer qu'elle n'a pas collé – le cas échéant, glisser doucement la spatule sous l'omelette –, rabattre une moitié sur l'autre et retirer délicatement du poêlon. Placer dans une assiette chaude et servir.

85

Bifteck pour brûler les gras Diane

Choisissez un bifteck frais, aussi grand que vous le souhaitez, et assurez-vous d'en retirer tout le gras visible.

Pour une personne

1 bifteck de filet ou de surlonge, dégraissé
le jus de 1 lime ou de ½ citron
un trait de sauce Worcestershire
2 cuillerées à thé de brandy
sel

1 Faire chauffer une poêle à frire antiadhésive jusqu'à très chaude et y faire rôtir le bifteck sans gras pour obtenir la cuisson désirée. À titre indicatif (très approximatif), cuire une tranche de bifteck de 3,5 cm (1½ po) pendant 1½ minute de chaque côté pour un bifteck à point (saignant), 2½ à 3 minutes de chaque côté pour un bifteck médium, et 3½ à 4 minutes de chaque côté pour un bifteck bien cuit. Il vous faudra baisser légèrement le feu pour une cuisson plus longue afin d'éviter de brûler la viande.

2 Placer le bifteck dans une assiette chaude et garder au chaud pendant que vous déglacez le poêlon. Pour déglacer, verser dans le poêlon le jus de lime ou de citron et un bon trait de sauce Worcestershire et bien brasser, en prenant soin de gratter tous les sucs de cuisson qui ont adhéré au poêlon.

3 Retirer du feu, incorporer le brandy, assaisonner d'un peu de sel et verser ces jus sur le bifteck, puis servir.

À propos...

Le filet est la partie la plus maigre du bifteck et aussi la plus chère. La croupe est souvent légèrement parsemée de minces filandres de graisse et est moins tendre que le filet, ce qui n'empêche pas beaucoup de personnes de la préférer au filet lorsqu'ils la font frire.

Bifteck à l'ail aux légumes printaniers

Pour deux personnes

2 à 4 branches de menthe
2 à 4 de pommes de terre nouvelles
1 botte de jeunes carottes (15 à 20)
2 à 4 cuillerées à soupe de pois du jardin
2 cuillerées à thé d'huile d'olive
250 à 375 g (8 à 12 oz) de bifteck biologique
   de première qualité, dégraissé
2 gousses d'ail, tranchées mince
sel

1 Faire cuire les pommes de terre dans une grande casserole d'eau bouillante légèrement salée, ainsi que les branches de menthe, pendant environ 10 minutes, ou jusqu'à ce qu'elles soient presque tendres. Ajouter les carottes et cuire encore 5 minutes jusqu'à tendreté. Ajouter les pois et poursuivre la cuisson pendant 2 minutes. Égoutter et réserver au chaud.

2 Étendre l'huile sur la surface d'un poêlon et chauffer le poêlon. Entre-temps, pratiquer de petites incisions à plusieurs endroits sur la surface du bifteck et incérer de petits morceaux d'ail.

3 Lorsque le poêlon est chaud, y déposer le bifteck et cuire selon la cuisson désirée. À titre indicatif (très approximatif), cuire une tranche de bifteck de 3,5 cm (1½ po) pendant 1½ minute de chaque côté pour un bifteck à point (saignant), 2½ à 3 minutes de chaque côté pour un bifteck médium, et 3½ à 4 minutes de chaque côté pour un bifteck bien cuit. Il faudra baisser légèrement le feu pour une cuisson plus longue afin d'éviter de brûler la viande. Servir le bifteck accompagné de légumes printaniers tendres.

Veau Schnitzel aux épinards et aux noix du Brésil

Pour deux personnes

2 cuillerées à soupe de chapelure de blé
   entier fraîchement préparée
2 cuillerées à dessert de noix du Brésil
   finement hachées
2 cuillerées à soupe de thym émincé ou
   1 cuillerée à thé de thym séché
1 œuf, battu
2 bifteck de veau d'environ 175 g (6 oz)
   chacun
2 cuillerées à thé d'huile d'olive
200 à 400 g (7 à 13 oz) de jeunes épinards
   frais
1 cuillerée à soupe d'eau
sel et poivre

1 Mélanger la chapelure, les noix, les herbes et un peu de sel et de poivre.

2 Casser l'œuf dans un bol et bien battre. Passer le veau dans l'œuf battu puis dans le mélange de chapelure et bien enrober.

3 Chauffer l'huile dans un poêlon anti-adhésif, déposer le veau pané et faire frire tranquillement à feu moyen, de 5 à 6 minutes pour chaque côté.

4 Entre-temps, mettre les épinards et l'eau dans une grande casserole et cuire juste le temps qu'il faut pour ramollir les épinards. Transférer dans des assiettes de service et disposer le veau par-dessus.

Agneau croustillant aux herbes et choux de printemps

Pour quatre personnes

zeste de 1 citron finement râpé
1 cuillerée à soupe d'amandes moulues
2 ou 3 branches de romarin, finement
    hachées
1 cuillerée à soupe de persil à feuille plate
    finement haché
2 gousses d'ail, émincées
2 beaux morceaux de collet d'agneau
    comportant 4 ou 5 côtelettes chacun
400 g (13 oz) de choux de printemps
2 cuillerées à soupe de jus de citron
sel et poivre

1 Combiner le zeste de citron, les amandes, le romarin, le persil, l'ail et un peu de sel et de poivre.

2 Essuyer l'agneau à l'aide d'un linge humide. Retirer le gras en en laissant juste assez pour éviter que la viande ne se dessèche. Placer la viande dans une rôtissoire et étendre le mélange aux herbes sur la partie charnue en pressant bien. Faire rôtir l'agneau dans un four préchauffé à 200 °C (400 °F), 6 pour les appareils au gaz, pendant 25 minutes.

3 Vérifier la cuisson de l'agneau en y introduisant une brochette – les jus devraient en ressortir clairs (à moins que vous ne préfériez votre agneau rosé, auquel cas vous devrez réduire légèrement le temps de cuisson. Lorsqu'elle est cuite, transférer la viande dans un plat réchauffé pendant un court instant avant de découper les côtelettes.

4 Entre-temps, débarrasser les choux de printemps de leurs feuilles extérieures et hacher en lanières fines. Immerger dans une grande casserole d'eau bouillante et faire cuire 1 à 2 minutes, jusqu'à tendreté.

5 Bien égoutter les lanières de choix et passer dans la rôtissoire pour leur faire absorber les sucs de cuisson. Assaisonner légèrement. Incorporer le jus de citron et servir avec le rôti d'agneau.

Assortiment de grillades

Pour une personne

2 escalopes d'agneau mince ou 1 petite
   côtelette d'agneau dégraissée
1 tranche de foie de veau, rincée et asséchée
2 rognons d'agneau, nettoyés et parés
2 tomates, coupées en deux
1 gros champignon des champs
jus de citron ou de lime, pour arroser

1 Utiliser un pinceau à pâtisserie pour bien
badigeonner de jus de citron ou de lime
tous les ingrédients.

2 Placer la viande et les légumes sous
un grill préchauffé et cuire à température moyenne comme suit : de 7 à 10 minutes
pour les escalopes d'agneau, un peu moins
longtemps pour les côtelettes d'agneau, de 2
à 3 minutes de chaque côté pour le foie et les
rognons, 5 minutes et seulement d'un côté
pour les tomates et les champignons.
Retourner la viande au besoin. Transférer
les grillades et les légumes dans une assiette
et servir.

Poulet et légumes d'hiver

Pour quatre personnes

un poulet de 1 à 1,5 kg (2 à 3 lb)
6 à 8 clous de girofle
1 gros oignon, coupé en quartiers
2 ou 3 carottes, en morceaux
1/4 rutabaga, en gros morceaux
2 ou 3 panais, en gros morceaux
2 ou 3 petits navets, en gros morceaux
½ cuillerée à thé d'herbes séchées
   mélangées
2 ou 3 feuilles de laurier
sel et poivre

1 Essuyer le poulet à l'intérieur et à
l'extérieur à l'aide d'un linge propre
humide.

2 Étêter les clous de girofle et piquer
leurs tiges dans les quartiers d'oignons.
Mettre l'oignon dans une grande casserole
avec quelques morceaux de carottes, puis
placer le poulet sur le tout. Disposer tous les
autres gros morceaux de légumes sous le
poulet et tout autour, bien assaisonner de sel
et de poivre, ajouter les herbes et suffisamment d'eau pour tout juste couvrir.

3 Amener rapidement à ébullition, écumer, baisser le feu, couvrir partiellement
la casserole et laisser mijoter lentement
pendant 2½ à 3 heures, jusqu'à ce que la
viande soit tendre. Ajouter de l'eau si
nécessaire.

4 Diviser le poulet et les légumes
4 portions et servir.

Poulet Harissa aux piments

Ce plat principal, rapide à préparer, est délicieux et attrayant pour toute la famille et les invités. En utilisant des piments conservés dans l'huile plutôt que des piments crus, vous vous épargnerez la tâche laborieuse de les peler et de les faire griller.

Pour deux personnes

2 pommes de terre à cuire au four
1 cuillerée à thé de pâte Harissa
1 cuillerée à soupe d'eau
2 poitrines de poulet d'environ 175 g (6 oz) chacune
2 gousses d'ail, finement tranchées
6 à 8 lanières de piment rouge (ou vert) conservé dans l'huile, rincées et épongées, sel et poivre
1 cuillerée à soupe de coriandre grossièrement hachée, en guise de garniture (facultatif)
salade de « légumes-feuilles », en guise d'accompagnement

1 Couper les pommes de terre en tranches très minces et cuire dans de l'eau bouillante de 6 à 8 minutes ou jusqu'à tendreté. Égoutter et disperser dans un petit plat à gratiner. Incorporer l'eau à la pâte Harissa et couvrir les pommes de terre de ce mélange.

2 À l'aide d'un couteau coupant, faire de petites fentes dans les poitrines de poulet, ce qui permettra une cuisson plus égale. Fourrer un morceau d'ail dans chacun des goussets ainsi formés. Placer le poulet par-dessus les pommes de terre, garnir de lanières de piment et ajouter les morceaux d'ail restants. Assaisonner légèrement de sel et de poivre.

3 Cuire dans un four préchauffé à 190 °C (375 °F), 5 pour les appareils au gaz, jusqu'à ce que le poulet soit cuit. Saupoudrer de coriandre, si désiré, et servir accompagné d'une salade verte.

Poulet aux légumes sautés à l'italienne

Pour quatre personnes

300 g (10 oz) de pâtes sèches au blé entier
(telles que des tubes, des coudes, des
coquilles)
1 cuillerée à thé d'huile d'olive
4 poitrines de poulet d'environ 175 g (6 oz)
chacune, coupées en petites bouchées
2 ou 3 courgettes tranchées
125 g (4 oz) d'épis de maïs miniatures,
tranchés en deux
12 olives noires égouttées
1 tranche épaisse de tomate « bifteck »,
coupé en gros morceaux
1 cuillerée à soupe de persil haché
1 cuillerée à soupe de menthe hachée
75 g (3 oz) fromage cottage allégé
2 cuillerées à soupe de vinaigre balsamique

1 Faire cuire les pâtes dans une grande
casserole d'eau bouillante de 10 à
15 minutes, ou selon les indications sur l'emballage, jusqu'à la cuisson *al dente,* tendre mais encore un peu ferme sous la dent.

2 Entre-temps, faire chauffer l'huile dans
un grand poêlon à fond épais ou un plat à
sauter. Y déposer le poulet et faire cuire de
3 à 4 minutes. Ajouter les courgettes et le
maïs miniature. Couvrir et poursuivre la cuisson à feu doux de 7 à 10 minutes, jusqu'à
tendreté.

3 Ajouter les olives et les morceaux de
tomates et poursuivre la cuisson de 4 à
5 minutes.

4 Égoutter les pâtes lorsqu'elles sont
cuites et les remettre dans la casserole.
Ajouter les légumes cuits et le poulet, ainsi
que les herbes et le fromage cottage.
Mélanger délicatement.

5 Déposer les pâtes au poulet dans quatre
assiettes. Arroser d'un trait de vinaigre
balsamique et servir.

Dinde épicée sur un lit de pommes de terre

Les poitrines de dinde fournissent d'excellentes protéines qui augmentent la combustion des graisses et est riche en acide aminé tryptophane. Cet acide augmente à son tour les niveaux de sérotonine, hormone reconnue pour sa propriété de chasser le spleen, et probablement aussi pour sa capacité à brûler les graisses.

Pour une personne

1 pomme de terre pelée et coupée en gros
morceaux
1 cuillerée à thé de moutarde à l'ancienne
1 cuillerée à thé de paprika moulu
1 cuillerée à thé de graines de cumin
1 cuillerée à thé de jus de lime
1 cuillerée à soupe d'eau
175 à 250 g (6 à 8 oz) de poitrine de dinde,
en tranches minces

1 Faire cuire les pommes dans de l'eau
bouillante jusqu'à ce qu'elles soient bien
tendres.

2 Entre-temps mêler ensemble la
moutarde, le paprika, le cumin, le jus de
lime et l'eau. Verser ce mélange sur les
tranches de dinde dans une petite casserole
et faire cuire à feu doux pendant environ
15 minutes ou jusqu'à ce que la viande soit
tendre et bien cuite.

3 Égoutter les pommes de terre, les
réduire « en riz » et disposer dans une
assiette chaude. Couvrir de la dinde et des
jus de cuisson.

Crevettes en sauce crémeuse au brandy

Ce plat se fait traditionnellement avec du brandy, mais le whisky fait tout aussi bien l'affaire.

Pour deux personnes

2 tomates
2 cuillerées à thé d'huile d'olive
2 oignons verts, hachés
10 à 12 crevettes tigres décortiquées
    et cuites
2 cuillerées à soupe de pois frais ou surgelés
2 cuillerées à thé de câpres, rincées
2 cuillerées à soupe de crème fraîche allégée
2 cuillerées à dessert de brandy
poivre noir
branches de cerfeuil, en guise de garniture
4 à 6 cuillerées à soupe de riz complet,
    bouilli, en guise d'accompagnement

1 Placer les tomates dans un bol et y verser l'eau bouillante pour couvrir. Laisser tremper ainsi 1 ou 2 minutes, puis égoutter. Pour peler, faire d'abord une incision en forme de croix à la base de chaque tomate puis retirer la pelure. Hacher la chair de tomates et réserver.

2 Faire chauffer l'huile dans une poêle à frire, ajouter les oignons verts et les crevettes et cuire pendant 3 minutes. Ajouter les tomates, les pois, les câpres et incorporer la crème fraîche avec une bonne pincée de poivre frais moulu et le brandy. Bien mélanger, déposer sur un lit de riz entier, garnir de cerfeuil et servir immédiatement.

Conseil

Vous pouvez préparer ce plat presque aussi rapidement avec des crevettes tigrées non cuites. Faites-les simplement cuire jusqu'à ce qu'elles deviennent roses. Décongelez toujours les crevettes surgelées au complet avant de les intégrer dans une recette.

Saumon citronné au persil et à l'estragon

Pour deux personnes

2 épaisses darnes de saumon d'environ 175 g
  (6 oz) chacune
zeste râpé et jus de 1 citron
2 cuillerées à thé d'huile d'olive
2 cuillerées à soupe de persil haché
2 cuillerées à soupe d'estragon haché
poivre noir

1 Badigeonner les deux côtés des darnes d'un peu de jus de citron et faire cuire sous un grill préchauffé à température moyenne, de 3 à 4 minutes de chaque côté, jusqu'à ce que le saumon soit cuit.

2 Faire chauffer l'huile d'olive ainsi que le reste du jus de citron et le zeste, puis ajouter les herbes hachées et les jus de cuisson du poisson. Assaisonner de poivre. Bien mélanger. Au moment de servir, verser sur le saumon le mélange d'huile aux herbes.

Pâtes au saumon fumé et aux asperges

Pour deux personnes

125 à 175 g (4 à 6 oz) de spaghetti secs,
  ou autres pâtes, de blé entier
150 g (5 oz) de pointes d'asperges
175 g (6 oz) de saumon fumé, coupé en
  morceaux
4 cuillerées à soupe combles de fromage
  frais allégé ou de crème fraîche allégée
2 cuillerées à soupe d'estragon haché,
  d'aneth ou de persil
noix muscade fraîchement râpée, au goût

1 Faire cuire les pâtes dans une grande casserole d'eau bouillante jusqu'à tendreté. Égoutter et remettre dans la casserole. Entre-temps, faire cuire les pointes d'asperges dans une poêle à frire contenant 1 cm (½ po) d'eau bouillante pendant 2 minutes ou jusqu'à tendreté. Égoutter.

2 Ajouter aux pâtes le saumon fumé, le fromage frais ou la crème fraîche, les pointes d'asperges, les herbes et un peu de noix muscade, au goût. Bien mélanger avant de servir.

Baudroie sautée et salade verte gem

Écosser les gourganes pour en extraire la « perle verte » est quelque peu laborieux, mais l'effort en vaut la peine. Vous pouvez aussi y substituer des gourganes en conserve ou surgelées, ou encore des pois frais du jardin, si vous le préférez; toutefois, vous y perdrez un peu en saveur.

Pour deux personnes

125 à 250 g (4 à 8 oz) de gourganes
    écossées
2 cuillerées à thé d'huile d'olive
6 à 8 oignons verts, hachés
250 à 375 g (8 à 12 oz) de baudroie, coupé
    en gros morceaux
2 à 4 branches d'aneth ou de basilic,
    grossièrement hachées
1 petite laitue gem ou les feuilles intérieures
    de ½ laitue romaine, grossièrement
    déchiquetées
2 poignées de cresson ou de germes de
    luzerne
½ piment vert, paré et coupé en lanières
4 à 6 tranches de concombre, non pelé
6 à 8 cuillerées à soupe de sauce fermière
    (voir page 80)

1 Faire cuire les gourganes entières dans une grande casserole d'eau bouillante pendant environ 5 minutes, ou jusqu'à tendreté. Égoutter en conservant l'eau de cuisson et mettre à refroidir.

2 Entre-temps, faire chauffer l'huile dans une poêle à frire, ajouter les oignons verts et faire cuire jusqu'à tendreté.

3 Ajouter la baudroie et tourner de tous les côtés pour bien enduire d'huile. Ajouter le basilic et l'aneth, couvrir et faire cuire à feu très doux jusqu'à ce que la chair du poisson soit devenue opaque et se défasse facilement.

4 Mélanger ensemble dans un saladier la laitue, le cresson ou la luzerne, le piment vert et les concombres. Agrémenter d'un peu de sauce fermière et réfrigérer la salade pendant que vous pelez les haricots.

5 Une fois les gourganes suffisamment refroidies, entailler la cosse externe, plutôt dure, à l'aide de la pointe d'un couteau coupant et élargir légèrement. Presser doucement et les haricots vert clair et d'apparence veloutée sortiront d'eux-mêmes. Ajouter les fèves à la salade et disposer dans une assiette. Déposer délicatement sur la salade la baudroie et les oignons verts, puis arroser des jus de cuisson et servir.

Vermicelle aux fruits de mer nappé de sauce tomates et champignons

Il s'agit d'un repas délicieux et rapide à préparer, mais n'allez surtout pas employer des fruits conservés dans du vinaigre ou de la saumure. Utilisez des coques écalées et des moules surgelées, s'il n'est pas possible d'en trouver des fraîches, et faites-les décongeler avant de les intégrer à la recette.

Pour trois ou quatre personnes

250 g (8 oz) de vermicelle aux œufs frais ou
    de vermicelle de blé entier sec
2 cuillerées à thé d'huile d'olive
1 oignon, finement tranché
1 gousse d'ail, écrasée ou finement hachée
175 g (6 oz) de pleurote en huître,
    déchiquetés en gros morceaux
5 ou 6 grosses tomates, en morceaux,
    ou 400 g (13 oz) de tomates en conserve,
    hachées grossièrement
125 g (4 oz) de coques fraîches écalées
    et cuites
125 g (4 oz) de moules fraîches écalées
    et cuites
1 cuillerée à dessert de ciboulette émincée
sel et poivre
branches de basilic, en guise de garniture

1 Faire cuire le vermicelle dans une grande casserole d'eau bouillante pendant environ 10 minutes, ou selon les indications sur l'emballage, jusqu'à consistance *al dente* – tendre mais encore ferme.

2 Entre-temps, faire chauffer l'huile d'olive dans un poêlon moyen. Ajouter l'oignon et l'ail et cuire à feu doux, en brassant de temps à autre, jusqu'à tendreté. Ajouter les champignons et les tomates; avec leur jus s'il s'agit de tomates en conserve ou avec un peu d'eau bouillante s'il s'agit de tomates fraîches, ainsi que les coques et les moules.

3 Faire cuire, en brassant, de 5 à 7 minutes à feu moyen, jusqu'à ce que ce soit bien cuit. Ajouter la ciboulette. Bien mélanger et assaisonner de sel et de poivre, au goût.

4 Égoutter le vermicelle lorsque c'est cuit et disposer dans des assiettes individuelles. Verser la sauce aux fruits de mer sur les pâtes et garnir de branches de basilic.

Assiette de merlan aux haricots verts et pommes de terre Cayenne

Achetez le poisson frais que vous pouvez trouver sur le marché . Tout poisson plat blanc peut faire l'affaire, toutefois cette recette fait ressortir à merveille la délicate saveur du merlan.

Pour une personne

1 filet de merlan de 175 à 200 g (6 à 7 oz)
3 à 4 cuillerées à soupe d'eau
75 à 125 g (3 à 4 oz) de haricots verts
2 cuillerées à thé d'huile d'olive
jus de lime, au goût
1 cuillerée à soupe d'amande en flocon

POMME DE TERRE CAYENNE :

1 pomme de terre à cuire au four
un peu de lait écrémé, pour mélanger
2 ou 3 oignons verts, hachés
une pincée de poivre de Cayenne
substitut de beurre allégé ou fromage frais,
   en guise d'accompagnement

1 Pour préparer la pomme de terre Cayenne, la laver, l'assécher et faire une entaille dans la pelure tout autour à l'aide d'un couteau coupant. Faire cuire dans un four préchauffé à 230 °C (450 °F), 8 pour les appareils au gaz, pendant 1 heure ou jusqu'à ce qu'elle soit cuite.

2 Une fois cuite, couper en deux, dans la marque de l'entaille. Vider les deux moitiés et mettre la chair dans un bol.

Réduire en purée en y ajoutant juste assez de lait écrémé pour obtenir la consistance voulue. Incorporer les oignons verts et le poivre de Cayenne, au goût, et remettre la purée dans les deux moitiés de pelure.

3 Placer le poisson dans un grand plat résistant à la chaleur et pouvant être utilisé sur la cuisinière ou au four à micro-ondes. Verser l'eau et couvrir. Pour cuire le poisson à la vapeur, placer le plat au-dessus d'une casserole d'eau bouillante. Couvrir et étuver à feu doux pendant 6 à 8 minutes ou jusqu'à ce que le poisson soit cuit. Pour cuire le poisson au four à micro-ondes, couvrir et faire cuire à la puissance moyenne de 2 à 4 minutes, en tenant compte de l'épaisseur du poisson et de la puissance en watts du four. Vérifier la cuisson après deux minutes. Le poisson est cuit lorsque la chair est devenue opaque et se défait facilement.

4 Entre-temps, faire cuire les haricots verts dans une casserole d'eau bouillante pendant quelques minutes, jusqu'à *al dente* – tendre mais encore un peu ferme – et faire brunir les moitiés de pomme de terre sous un grill préchauffé. Égoutter les haricots et y incorporer l'huile d'olive, le jus de lime et les amandes.

5 Servir le poisson accompagné de haricots verts et des moitiés de pomme de terre. Pour profiter pleinement de la saveur croustillante de la pelure des pommes de terre, y mettre un peu de substitut de beurre allégé ou un peu de fromage cottage allégé très froid prévu à votre ration alimentaire quotidienne, et saupoudrer d'un peu plus de poivre de Cayenne, si désiré.

Saucisses végétariennes et purée de pommes de terre aux tomates et aux herbes fraîches

Pour une personne

1 grosse pomme de terre ou 2 pommes de terre moyenne, pelées et coupées en gros morceaux
1 cuillerée à thé d'huile d'olive
2 ou 3 saucisses végétariennes ou saucisses Quorn
2 tomates, tranchées mince
1 grosse gousse d'ail, écrasée
½ oignon, finement tranché en rondelles (facultatif)
un trait de sauce Worcestershire ou de tabasco
2 cuillerées à thé de thym finement haché
3 ou 4 cuillerées à soupe de lait écrémé
poivre noir
une branche de basilic, en guise de garniture

1 Faire cuire les pommes de terre dans une casserole d'eau bouillante durant 20 minutes, jusqu'à ce qu'elles soient tendres.

2 Entre-temps, faire chauffer l'huile d'olive dans une poêle peu profonde et faire cuire doucement les saucisses. Retirer du poêlon et réserver au chaud.

Variante

Vous pouvez rehausser la saveur de la purée en y ajoutant une variété d'herbes et d'épices, notamment de l'ail, du persil, de la ciboulette et du safran.

3 Mettre dans la poêle chaude les tranches de tomate, l'ail et l'oignon, si désiré, et cuire à feu moyen, en brassant fréquemment, de 4 à 5 minutes, jusqu'à tendreté. Assaisonner d'un trait de sauce Worcestershire ou de tabasco.

4 Égoutter les pommes de terre et les réduire en purée en y ajoutant le thym, le lait et le poivre.

5 Enlever les pelures des tomates cuites, puis incorporer les tomates et les oignons (si vous en mettez) dans la purée de pommes de terre. Assaisonner d'une pincée de poivre noir et transférer dans un plat chaud. Disposer les saucisses sur la purée. Garnir de branches de basilic et servir.

Tomates et courgettes au four

Pour deux personnes

200 g (7 oz) de petites tomates en grappe, coupées en deux

2 petites courgettes, tranchées mince

2 cuillerées à thé de thym émincé

2 gousses d'ail, finement hachées

2 cuillerées à thé d'huile d'olive

4 œufs

3 cuillerées à soupe de lait partiellement écrémé

2 cuillerées à soupe de fromage parmesan fraîchement râpé

sel et poivre

feuilles de laitue, en guise d'accompagnement

1 Graisser légèrement un plat de 900 ml (1½ chopine) pouvant aller au four ou deux plats individuels et y disperser les tomates, les courgettes, le thym et l'ail. Assaisonner légèrement de sel et de poivre. Ajouter l'huile et tourner pour bien mélanger. Cuire dans un four préchauffé à 200 °C (400 °F), 6 pour les appareils au gaz, pendant 10 minutes.

2 Battre légèrement les œufs avec le lait et un peu de sel et de poivre et verser sur les légumes. Saupoudrer de fromage, remettre au four et cuire encore 30 minutes ou jusqu'à ce que les œufs soient légèrement pris et le fromage doré. Servir accompagné de feuilles de laitue.

Légumes vapeur agrémentés de guacamole

Pour une personne

2 ou 3 carottes, tranchées en longueur
1 poignée de fleurons de brocoli
1 poignée de fleurons de chou-fleur
½ gros poireau ou un poireau moyen, coupé en tranches
125 g (4 oz) de haricots verts frais
½ avocat, en purée
1 oignon vert, finement haché
1 cuillerée à thé de pâte de cari
1 cuillerée à thé de coriandre hachée
2 tomates cerises, en morceaux
ail, sel et poivre

1 Mettre les carottes, le brocoli, le chou-fleur, le poireau et les haricots verts dans une marmite à vapeur en métal ou un tamis placé au-dessus d'une casserole d'eau bouillante et cuire de 10 à 12 minutes, jusqu'à ce que les légumes soient tendres, mais encore un peu fermes. On peut aussi faire cuire les légumes dans un cuiseur à vapeur électrique.

2 Entre-temps, retirer la chair de l'avocat à l'aide d'une cuillère. Préparer le guacamole en mélangeant dans un bol à l'aide d'une fourchette la chair d'avocat, les oignons verts, la pâte de cari, la coriandre, les tomates et un peu d'ail, de sel et de poivre.

3 Lorsqu'ils sont cuits, égoutter les légumes et disposer dans une assiette. Garnir de guacamole et servir.

Artichauts sautés aux noix du Brésil

Remplacez le jus de carottes par un peu de bouillon de légumes si vous n'avez pas d'extracteur à jus.

Pour deux personnes

1 oignon, tranché mince
1 cuillerée à thé d'huile d'olive
8 à 10 cœurs d'artichauts en conserve dans de l'eau salée, rincer et couper en deux
300 ml (½ chopine) de jus de carotte fraîchement préparé
le zeste râpé et le jus de 1 lime
175 g (6 oz) de noix du Brésil, hachées
1 cuillerée à soupe de ciboulette hachée
une pincée de noix muscade fraîchement râpée
sel et poivre
légumes verts vapeur, en guise d'accompagnement

1 Faire revenir dans un poêlon l'oignon dans l'huile d'olive de manière à les attendrir sans les brunir.

2 Ajouter les artichauts et le jus de carotte. Incorporer le zeste et le jus de lime, les noix du Brésil, la noix muscade, le sel et le poivre pour bien mélanger et bien réchauffer. Servir immédiatement avec les légumes verts vapeur.

99

Haricots flageolets
et champignons savoureux

Pour deux personnes

200 g (7 oz) de haricots flageolets en
  conserve ou autres légumes secs, égouttés
  et rincés
100 ml (3½ oz liq.) de bouillon de légumes
  (voir page 37)
1 ou 2 gousses d'ail, écrasées
125 à 175 g (4 à 6 oz) de champignons des
  champs, tranchés
1 cuillerée à thé de substitut de beurre allégé
1 cuillerée à soupe de jus de citron
1 cuillerée à soupe comble de persil émincé
25 g (1 oz) de miettes de pain de blé entier
25 g (1 oz) de fromage végétarien allégé, râpé

1 Mettre les haricots, le bouillon et l'ail
dans une casserole. Faire réchauffer puis
égoutter la plus grande partie du liquide
dans une casserole contenant les champignons. Couvrir la casserole et cuire les
champignons de 4 à 5 minutes, ou jusqu'à
qu'ils soient tendres.

2 Entre-temps, placer les haricots et le
reste du liquide dans un robot culinaire
ou un mélangeur et réduire en purée jusqu'à
consistance crémeuse. Incorporer le
substitut de beurre allégé, le jus de citron,
les champignons cuits et le persil. Bien
mélanger et verser dans un plat allant
au four.

3 Garnir de miettes de pain et de
fromage râpé et gratiner sous un grill
préchauffé pendant quelques minutes avant
de servir.

Remontant aux agrumes et à la menthe

Pour une personne

½ gros pamplemousse, ugli ou pomelo
½ petite orange ou 1 mandarine
menthe en lanières ou citronnelle, au goût
1 cuillerée à thé de miel clair ou de sirop
  d'érable
1 ou 2 gouttes d'essence de menthe poivrée
  pure

1 En travaillant au-dessus d'un bol, extraire soigneusement la pulpe du pamplemousse, de l'ugli ou du pomelo de sa pelure et retirer les pépins et la chair blanche. Réserver la pelure du pamplemousse. Extraire de la même manière la pulpe de l'orange ou de la mandarine et retirer les pépins.

2 Mélanger les segments d'agrumes avec les herbes en lanières, le miel ou le sirop d'érable et l'essence de menthe poivrée. Remettre les fruits dans la pelure du pamplemousse et glacer de 30 à 60 secondes sous un grill préchauffé avant de servir.

Fraises à la crème fraîche et au Grand Marnier

Pour une personne

125 à 175 g (4 à 6 oz) de fraises
1 cuillerée à thé de zeste d'orange râpé
1 cuillerée à soupe de jus d'orange fraîchement pressée, Cointreau ou Grand Marnier
2 cuillerées à soupe de crème fraîche faible
  en gras, réfrigérée

1 Rincer et équeuter les fraises et assécher sur du papier absorbant.

2 Mêler ensemble les autres ingrédients, déposer sur les fruits et servir.

Variante

L'ugli est un hybride du pamplemousse, de l'orange et de la tangerine. Son goût rappelle celui du pamplemousse, en plus sucré. Le pomelo est un agrume en forme de poire à pelure verte épaisse. Son goût rappelle aussi celui du pamplemousse, mais en moins juteux.

Fanfare de fruits

Pour une personne

1 grande tranche de melon
1 petite poignée de raisins sans pépins
   (environ 15 à 20)
5 ou 6 cerises, dénoyautées
1 orange mandarine, séparée en segments
3 ou 4 branches de menthe, hachées
une racine de gingembre de 5 mm (¼ po),
   finement émincée

1 Couper la chair du melon et mettre dans un bol. Ajouter les autres fruits, les feuilles de menthe et le gingembre. Bien mélanger

2 Réfrigérer complètement avant de servir.

Yogourt aux noix de Grenoble et au miel

Vous devriez pouvoir trouver du miel en rayons à plusieurs endroits, notamment dans les magasins d'aliments naturels, les magasins de spécialités alimentaires et chez les producteurs de miel locaux.

Pour une personne

1 cuillerée à dessert de miel en rayon
100 à 200 g (3½ à 7 oz) de yogourt nature
   allégé, épais
6 ou 7 moitiés de noix de Grenoble

1 Couper les rayons de miel et libérer le liquide des alvéoles.

2 Incorporer le miel et les noix de Grenoble au yogourt. Servir froid.

Crème de kaki

Lorsqu'il est mûr, le kaki est d'une couleur rouge orange et sa chair est tendre sous la pression du doigt.

Pour une personne

1 gros kaki
1 cuillerée à soupe de crème fraîche faible en gras

1 Couper et enlever le trognon du fruit. Retirer la pulpe et la placer dans un petit bol. Réserver la peau du fruit. Ajouter la crème fraîche à la pulpe et bien mélanger.

2 Remettre le mélange de pulpe à l'intérieur du kaki en prenant garde de ne pas déchirer la peau délicate du fruit. Servir.

Pomme cuite à l'ancienne

Pour une personne

1 grosse pomme à dessert
2 ou 3 clous de girofle
2 cuillerées à soupe de raisins secs et de raisins de Smyrne mélangés
1 cuillerée à thé de miel clair
1 pincée de cannelle moulue
1 cuillerée à thé de brandy (facultatif)
yogourt nature allégé, fromage frais ou yogourt au lait de soya, en guise d'accompagnement

1 Retirer le cœur de la pomme en vous servant d'un vide-pommes. À l'aide d'un couteau coupant, pratiquer des incisions dans la pomme afin qu'elle puisse cuire sans éclater. Piquer les clous de girofle dans la pomme.

2 Placer la pomme dans un plat pouvant aller au four ou dans une petite rôtissoire. Mélanger les fruits secs, le miel et la cannelle et déposer, à l'aide d'une cuillère, dans le milieu vide de la pomme. Ajouter une cuillerée à thé de brandy, si désiré. Verser un peu d'eau chaude dans le plat ou la rôtissoire.

3 Cuire dans un four préchauffé à 200 °C (400 °F), 6 pour appareils au gaz, de 45 à 60 minutes, jusqu'à ce que la pomme soit très tendre. Après 20 minutes de cuisson, mouiller la pomme des jus de cuisson.

4 Servir chaud, tiède ou réfrigéré accompagné d'un peu de yogourt nature allégé, de fromage frais ou de yogourt au lait de soya.

Poires grillées à l'avoine et à la crème de framboise

Pour une personne

1 poire, coupée en deux
1 cuillerée à thé de sucre à glacer non raffiné
2 cuillerées à thé de yogourt grec allégé, épais
2 cuillerées à thé d'avoine moyenne, grillée
2 cuillerées à dessert de framboises
branches de menthe, en guise de garniture

1 Retirer le cœur des deux moitiés de poires et placer les fruits dans un plat pouvant aller au four. Saupoudrer de sucre à glacer et cuire sous un grill préchauffé de 3 à 4 minutes, jusqu'à ce que les fruits commencent à brunir.

2 Mettre le yogourt dans un petit bol. Incorporer l'avoine et les framboises et déposer le mélange à la cuillère au centre des moitiés de poires. Décorer de branches de menthe et de quelques framboises. Servir.

Gratin chaud à l'ananas

Pour deux personnes

4 tranches épaisses d'ananas
2 cuillerées à thé de liqueur d'ananas ou de brandy (facultatif)
½ cuillerée à thé d'extrait de vanille
4 cuillerées à soupe de fromage frais allégé, réfrigéré
2 cuillerées à thé de sucre muscovado léger

1 Placer les tranches d'ananas dans un plat peu profond allant au four et asperger de liqueur d'ananas ou de brandy, si désiré.

2 Incorporer la vanille au fromage frais et déposer le mélange sur les tranches d'ananas. Saupoudrer de sucre et placer sous un grill préchauffé pendant quelques minutes, jusqu'à ce que le sucre fasse des bulles. Servir immédiatement.

Junket aux litchis et aux amandes

Le junket (lait emprésuré) est un ancien plat anglais et figurait parmi les aliments de base dans la vieille Angleterre bien avant l'arrivée du yogourt. La présure, que l'on peut acheter dans les magasins d'aliments santé, est produite par une enzyme prélevée de l'estomac des vaches et est utilisée pour créer le lait caillé (la partie solide de lait) et le petit-lait (la partie aqueuse). Chauffer le lait au-dessus de la température d'un organisme à sang chaud (soit 98,4 °F – 37 °C) rendra la présure inactive et votre junket ne prendra pas.

Pour deux ou trois personnes

- 600 ml (1 chopine) de lait partiellement écrémé
- 1 cuillerée à dessert de sucre turbinado
- 1 à 2 cuillerées à thé de présure
- 2 ou 3 gouttes d'essence d'amande véritable
- 250 g (8 oz) de litchis en conserve dans leur jus ou 250 g (8 oz) de litchis frais, sans la peau et pochés dans un peu d'eau

1 Mettre à chauffer le lait partiellement écrémé pour qu'il atteigne la température du sang. (Lorsqu'on y met le doigt, on ne doit ressentir ni chaleur ni froid.)

2 Verser le lait dans un bol et y incorporer le sucre turbinado, la présure et l'essence d'amande. Couvrir et laisser prendre, puis refroidir au réfrigérateur.

3 Quand le junket est bien pris, y pratiquer des entailles en forme de croix et placer les litchis et leur jus entre les pointes de diamants ainsi formées.

Variante

On peut trouver de la présure végétarienne dérivée de plante ou fabriquée synthétiquement.

105

Abricots à la mode arabe

Choisir les abricots les plus tendres pour cette recette. Le beurre de sésame est une pâte épaisse, huileuse et d'un brun clair, faite à base de graines de sésame broyées. À la longue, l'huile finit par se séparer dans le pot, alors assurez-vous de bien mélanger le beurre avant de l'utiliser.

Pour une personne

6 abricots séchés prétrempés
3 cuillerées à thé de beurre de sésame
cannelle moulue, au goût
6 amandes fraîchement mondées
1 cuillerée à thé de sucre à glacer non raffiné

1 Pratiquer une fente dans chacun des abricots. Insérer dans chaque fruit ½ cuillerée à thé de beurre de sésame mélangé à une pincée de cannelle moulue et une amande mondée.

2 Reformer les abricots, saupoudrer de sucre à glacer et réserver pour le dessert.

Dessert glacé aux groseilles rouges

Dans ce dessert, le sucre turbinado est saupoudré sur les groseilles mouillées et repose ainsi toute la nuit. Le sucre et le jus des groseilles fusionnent pour former une délicieuse croûte glacée.

Pour deux personnes

250 à 300 g (8 à 10 oz) de groseilles rouges
2 à 4 cuillerées à dessert de sucre turbinado
½ cuillerée à thé de cannelle moulue

1 Équeuter et laver les groseilles rouges. Placer les groseilles mouillées dans un bol.

2 Mêler ensemble le sucre turbinado et la cannelle moulue. Saupoudrer ce mélange sur les groseilles. Garder au réfrigérateur pendant toute une nuit afin qu'une couche glacée se forme sur les fruits.

Croustade aux pommes et aux bleuets

Pour deux personnes

2 pommes à dessert bien croquantes
2 cuillerées à soupe d'eau
1 petite poignée de bleuets
25 g (1 oz) d'avoine à gruau
2 cuillerées à thé d'huile d'olive légère
1 cuillerée à soupe de sucre muscovado
   léger
25 g (1 oz) de raisins de Smyrne ou de
   raisins secs
branches de menthe, en guise de garniture
yogourt grec allégé, en guise
   d'accompagnement

1 Peler les pommes, enlever les cœurs et les trancher. Mettre dans une petite casserole avec l'eau. Couvrir et cuire à feu doux jusqu'à ce que les pommes aient ramolli. Incorporer trois quarts des bleuets et retirer du feu. Laisser refroidir.

2 Entre-temps, mettre dans un poêlon l'avoine, l'huile, le sucre et les fruits secs et faire revenir, en brassant constamment, jusqu'à ce que l'avoine soit dorée. Laisser refroidir.

3 Déposer la compote de pommes dans deux coupes à dessert et saupoudrer du mélange à l'avoine. Garnir d'une cuillerée de yogourt et des bleuets restants. Décorer de branches de menthe.

6

Pour résumer
un peu...

Pourquoi d'autres régimes échouent

Les régimes à la mode fonctionnent (brièvement) pour un certain nombre de raisons, l'une des plus importantes étant le « traitement choc » qu'ils font subir au système digestif, endocrinien, musculaire et autres. Après avoir été nourri pendant des mois ou des années d'aliments peu adéquats pour le maintien d'un poids santé, l'organisme réagit par une perte de poids lorsqu'on l'alimente soudainement de laitue, de tomates et de fromage cottage, ou encore de bifteck, de raisins et d'épinards. Cette perte de poids consiste principalement en une perte d'eau, car des régimes alimentaires aussi draconiens se fondent sur le choc métabolique provoqué par un apport extrêmement réduit de calories sans recourir aux aliments « brûle-graisse ». De plus, il est pratiquement impossible de soutenir de tels régimes pendant une durée prolongée, parce que tôt ou tard nos papilles gustatives se révoltent, constatant qu'elles y perdent au change. Jamais plus – croyons-nous – nous ne pourrons supporter la vue d'une feuille de laitue ou d'un emballage de fromage cottage allégé. L'ennui est l'ennemi juré de la personne qui cherche sérieusement à perdre du poids et constitue la menace qu'il faut à tout prix tenir éloignée lorsque l'on entreprend le Régime d'amaigrissement aux aliments pour brûler les gras.

Les gens pressés

ont la mémoire plus courte qu'ils ne le croient. Il est assurément ennuyeux et fatiguant de lire ou d'entendre encore et encore les mêmes vieilles rengaines lorsque l'on est tellement stressé et occupé que l'on n'a pratiquement jamais le temps de reprendre son souffle.

Mais les habitudes, particulièrement les mauvaises, demeurent indélogeables simplement parce que nous ne cessons de les répéter. Il est essentiel, dès lors, de se rappeler l'importance d'alterner les deux régimes de 14 jours : le Régime d'amaigrissement rapide aux aliments pour brûler les gras et le Régime de stabilisation aux aliments pour brûler les gras.

Deux semaines l'un, deux semaines l'autre

Pour vous aider à vous y retrouver, voici un aide-mémoire de ce que vous devez faire.

1 Suivez exactement pendant deux semaines le Régime d'amaigrissement rapide ABG présenté dans le chapitre 3. (La semaine 2 est une répétition de la semaine 1.) Pesez-vous dès le lever, nu, après être allé aux toilettes. Notez votre poids sur les tableaux fournis aux pages 122 et 123.

2 Faites immédiatement suivre ces deux premières semaines par l'un des quatre Régimes de stabilisation ABG d'une durée de 14 jours. (Encore une fois, la semaine 2 sera une répétition de la semaine 1).

3 S'il vous reste de la graisse à perdre, retournez au premier Régime d'amaigrissement rapide.

4 Au bout de deux semaines, suspendez une fois de plus votre Régime d'amaigrissement rapide et reprenez l'un des quatre Régimes de stabilisation ABG.

5 Poursuivez sur cette voie, aussi souvent que nécessaire, en suivant à la lettre le régime, c'est-à-dire deux semaines de Régime d'amaigrissement rapide, suivies de deux semaines du Régime de stabilisation de votre choix, jusqu'à ce que vous ayez atteint 1 à 1,5 kg (2 à 3 lb) au-dessous de votre poids cible, ou 0,5 kg (1 lb), si vous n'aviez que quelque kilos ou livres à perdre.

6 Continuez à vous peser tous les jours ou, à tout le moins, toutes les semaines. S'il advient que votre poids augmente de 1 kg (1 à 2 lb) au-dessus de votre poids cible, reprenez le Régime d'amaigrissement rapide ABG jusqu'à ce que vous ayez retrouvé le poids souhaité. C'est aussi simple que ça.

Stimuler la combustion des graisses

Pour vous aider à atteindre votre objectif personnel, continuez autant que vous le pouvez à varier votre menu en utilisant la plus grande gamme possible d'aliments pour brûler les gras et en relisant les conseils utiles. Ne vous privez jamais de nourriture – ce n'est absolument pas nécessaire – et ne perdez jamais espoir. De nombreuses personnes qui ont perdu tout le poids qu'elles souhaitaient perdre grâce au Régime d'amaigrissement aux aliments pour brûler les gras avaient traîné leur surpoids pendant dix, vingt et même trente ans.

Il y a différentes façons de stimuler la combustion des graisses. Le Régime d'amaigrissement aux aliments pour brûler les gras recommande, par exemple, de boire beaucoup d'eau et de prendre un petit déjeuner. Tous ces conseils pratiques vous seront encore fort utiles une fois que vous aurez atteint votre poids cible, si vous êtes déterminé à demeurer mince, actif et en santé. Par ailleurs, ne pensez même pas à sauter des repas ou à réduire votre consommation de gras de façon draconienne – votre métabolisme se sentirait menacé par le manque de nourriture et chuterait radicalement pour vous protéger. Dès lors, la capacité de votre organisme à brûler la graisse serait réduite à néant.

En revanche, un apport trop élevé en gras pourrait vous amener à trop manger et annulerait quelques-uns des effets de fusion des graisses découlant de votre régime alimentaire. L'appétit des personnes très en surpoids a tendance à être stimulé par des repas à haute teneur en gras, alors que ce n'est pas le cas pour les personnes maigres. On pense que, probablement en raison de l'insulinorésistance (voir page 22), un apport à haute teneur en gras rend une personne en surpoids plus portée à désirer manger des aliments gras.

Le « grigontage » est un point important du Régime d'amaigrissement ABG : il consiste à prendre des repas légers et fréquents, de même que des collations, y compris des aliments protéiques tels que le fromage cottage, le poulet et le poisson. Cinq ou six heures de suite sans manger durant la journée, c'est trop long ! Trois repas par jour augmenteront le métabolisme de 200 calories par 24 heures ; le « grignotage » l'augmentera davantage.

Des aliments d'une grande variété travaillent ensemble pour produire de l'énergie, en particulier les vitamines de groupe B. Les bons choix incluent les grains entiers, le maïs, le poisson et le poulet parce que ces aliments dépensent plus d'énergie qu'ils n'en fournissent ; ce qui signifie qu'ils sont également des sources de calories négatives.

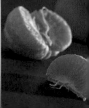

Thé et café

Profitez sainement du thé et du café. Ces deux boissons augmentent le taux métabolique. Vous pouvez en prendre tant que vous voulez, sauf s'ils provoquent des brûlures d'estomac ou des palpitations, ou si vous souffrez de troubles cardiaques.

Dans une étude sur le thé vert publiée dans le European Journal of Clinical Nutrition en 2000, des chercheurs ont examiné les effets que produisent trois forces différentes de thé chez dix adultes en bonne santé : 2,6 g (⅛ oz) de feuilles de thé sèches dans 150 ml (¼ de chopine) d'eau ; 5 g (¼ oz) dans 300 ml (½ chopine) ; et 7,5 g (⅓ oz) dans 450 ml (¾ de chopine). On a utilisé un test de laboratoire standardisé pour mesurer la capacité du plasma (le constituant liquide du sang) de neutraliser les radicaux libres, des fragments moléculaires nocifs qui peuvent causer un vieillissement prématuré, une cardiopathie et un cancer. Des prélèvements sanguins ont été faits une heure et deux heures après l'ingestion du thé et l'on a découvert que les deux doses les plus fortes de thé augmentaient l'activité antioxydante respectivement de 7 % et de 12 %. Ce sont d'excellentes nouvelles pour la santé en général ; ces résultats pourraient également indiquer que les autres éléments nutritifs plus directement liés à la production énergétique de l'organisme étaient également actifs.

Exercice

Nous savons tous que l'exercice peut également stimuler la combustion des graisses (voir chapitre 7). Selon Ian Marber, auteur de *7 jours pour maigrir* et *Maigrir et maintenir son poids santé,* l'activité physique augmente le taux métabolique en multipliant le nombre de mitochondries dans les cellules musculaires (les mitochondries sont des « centrales électriques » microscopiques à l'intérieur des cellules qui convertissent le glucose en énergie). Un exercice soutenu de 25 à 30 minutes, quatre ou cinq fois par semaine, peut avoir un effet positif considérable sur la combustion de la graisse, car il prolonge la période de consommation énergétique jusqu'à 18 heures après l'activité physique.

Pour que vos aliments pour brûler

L'ACTION	LES EFFETS	POUR VOUS AIDER...
Buvez au moins huit grands verres d'eau chaque jour.	Évite la déshydratation, qui réduit le métabolisme de 2 à 3 %. Variez l'eau que vous buvez; prenez de l'eau minérale, de l'eau du robinet et différents types d'eaux de source.	Ajoutez à votre eau une tranche de citron ou de lime, ou buvez-la chaude, parfumée d'une pincée de noix muscade, de cannelle ou de petits morceaux de racine de gingembre frais.
Prenez un petit déjeuner.	Augmente le taux métabolique de 10 à 15 %.	Divisez votre petit déjeuner en deux ou trois collations si vous n'êtes pas capable de manger dès le lever. Par exemple, prenez un peu de jus de fruit pour commencer la journée, puis du yogourt allégé lorsque vous arrivez au travail ou à l'école, puis prenez une pomme dans le milieu de la matinée.
Évitez un régime intensif.	Abaisse le taux métabolique et prive votre organisme de nutriments essentiels.	Le régime d'amaigrissement rapide, solide sur le plan nutritionnel, est percutant comme le sont certains régimes intensifs, mais prévient également la chute du métabolisme que certains régimes imprudents provoquent.
Étalez votre consommation de gras tout au long de la journée.	Si vous êtes très en surpoids, consommer beaucoup de gras d'un seul coup peut vous amener à développer un appétit pour plus de gras que nécessaire.	Réservez le substitut de beurre allégé prévu pour le petit déjeuner et prenez-le sur votre pain au déjeuner; de même, prenez le yogourt ou le fromage allégé plus tard durant la journée. Évitez le fromage en fin de journée si cela perturbe votre sommeil. Notez cependant que les aliments riches en calcium ont des effets calmants sur les nerfs et favorisent le sommeil réparateur.
« grignotez » plutôt que de prendre un ou deux gros repas par jour entrecoupés de longs jeûnes.	« grignoter » permet de dépenser 200 calories supplémentaires sur une période de 24 heures, ce qui équivaut à 25 g (1 oz) de gras par jour.	Chaque repas peut être divisé en deux partie ou plus. Mangez peu et souvent toutes les 2 ou 3 heures.

les gras fonctionnent

L'ACTION	LES EFFETS	POUR VOUS AIDER...
Prenez des aliments à calories négatives tous les jours.	Ils stimulent la combustion des graisses en dépensant plus de calories qu'ils n'en fournissent.	Il existe de nombreux légumes et produits à faible IG qui sont aussi des aliments à calories négatives (voir page 27).
Buvez du thé ou du café (voir page 113)	Ils augmentent le taux métabolique et la combustion des graisses.	Évitez de boire trop de café fort et amer, méditerranéen – ou grec – de style café noir, surtout si vous avez l'estomac vide. Il peut causer de la nausée et des vomissements.
Prenez tous les aliments épicés qui vous plaisent, et souvent.	En plus de revigorer la saveur des aliments, les épices augmentent le taux métabolique d'un vigoureux 25 %. Le poivre chili, le poivre de Cayenne et la moutarde forte devraient atteindre ce score.	Vous pouvez ajouter toutes les épices que vous aimez, aussi bien dans votre potage pour brûler les gras que dans les recettes du Régime de stabilisation.
Faites de l'exercice ! **NOTEZ BIEN :** Consultez votre médecin avant d'entreprendre un programme d'exercices si vous avez des problèmes de santé ou des troubles cardiaques.	Augmente le taux métabolique et la combustion des graisses en multipliant le nombre de mitochondries dans les muscles (les petites centrales électriques qui convertissent le glucose en énergie). Un exercice soutenu de 25 à 30 minutes, quatre ou cinq fois par semaine, prolonge la période de consommation énergétique jusqu'à 18 heures après l'activité physique. La marche rythmée, le cyclisme, la danse et la natation sont des formes d'exercices aérobiques sécuritaires (ce type d'exercices essouffle légèrement). Accomplir les tâches de la vie quotidienne en y mettant simplement plus de vigueur est aussi une façon très profitable de dépenser de l'énergie.	Prenez une tasse de café une heure avant de faire de l'exercice. La caféine déclenchera la libération de gras dans le sang, que l'exercice brûlera. Le café glacé est délicieux. Prenez-en pendant les journées chaudes ou quand cela vous fait envie. Le lait écrémé fait un excellent cappuccino – avec un soupçon de mousse. Remplacez la poudre de chocolat, qui fait grossir, par de la cannelle ou de la noix muscade. Beaucoup de bistrots le feront volontiers si vous le demandez.

115

▶ **Respiration profonde**

▶ **Entraînement musculaire**

▶ **Exercice d'aérobie et tableau de la dépense d'énergie selon l'activité**

116

7 Pour accentuer la combustion

Respiration profonde

Faites des exercices de respiration profonde le matin au réveil, le soir avant d'aller au lit et au moins une fois durant la journée.

Asseyez-vous confortablement – ou allongez-vous si vous êtes au lit. Prenez une profonde respiration, L-E-N-T-E-M-E-N-T, en comptant 5 secondes – utilisez une montre ou comptez « une seconde, deux secondes… » à vitesse moyenne pour bien mesurer les secondes. Remplissez vos poumons d'air autant que vous le pouvez.

Retenez votre respiration pendant 20 secondes, ou aussi longtemps que vous le pouvez sans vous fatiguer, puis expirez très lentement en comptant 10 secondes. Prenez ainsi 15 respirations.

Au moment d'inspirer, vous verrez et sentirez votre abdomen se gonfler en même temps que votre poitrine ; vous ressentirez les effets calmants de la respiration profonde : le stress vous quittera et votre énergie augmentera d'autant.

Entraînement musculaire

Certaines autorités soutiennent qu'il s'agit du meilleur exercice pour réduire la masse adipeuse parce que le métabolisme continuerait à brûler la graisse à un rythme accéléré pendant une période de 24 heures suivant une séance d'entraînement de 60 minutes. Ces chiffres, ainsi que ceux sur les calories brûlées par types d'activités indiqués dans le tableau de la page ci-contre, peuvent induire en erreur, car chaque individu a ses particularités. Cependant, l'on doit reconnaître que l'entraînement musculaire favorise le

développement d'une masse musculaire maigre en permettant à l'organisme d'utiliser les surplus de calories de manière plus efficace.

Il tend à donner raison aux chiffres puisqu'il permet d'éviter la perte de tissu musculaire qui peut résulter d'un régime prolongé. Jumelé à de l'exercice d'aérobie ou à une activité physique générale accrue, l'entraînement musculaire aide également à aviver le métabolisme quand l'apport de calories est réduit.

Exercice d'aérobie

L'exercice d'aérobie essouffle légèrement et augmente la fréquence du pouls. Il existe quantité de livres et de vidéos sur l'entraînement sécuritaire, mais il est préférable d'obtenir l'avis de votre médecin avant de commencer à faire des exercices d'aérobie, particulièrement si vous avez des problèmes de santé. Pour tirer avantage au maximum du processus de combustion des graisses, vous devriez, somme toute, viser un entraînement d'environ 30 à 40 minutes par période, trois à cinq fois par semaine.

Il est important que vous choisissiez une activité qui vous plaît, que ce soit monter à cheval, faire de l'aqua-aérobie ou du ballet jazz. Si vous le pouvez, faites cette activité avec un ou une amie, ou joignez-vous à une classe qui la pratique : vous y trouverez de l'encouragement tout en vous y amusant franchement.

Intégrer graduellement votre nouvelle activité dans votre mode de vie. Si vous vous adonnez à cette activité cinq fois par semaine pendant 14 jours, il y a de fortes chances que les kilos perdus le demeurent à jamais. Le tableau ci-contre indique la moyenne de dépense en calories, par type d'activités physiques, pour une heure d'entraînement.

Certaines de ces activités – faire le ménage, laver les fenêtres et tondre la pelouse – relèvent davantage du travail que de l'agrément. Ainsi, simplement en augmentant l'intensité de nos activités générales quotidiennes, nous pouvons améliorer considérablement notre forme physique et nos niveaux d'énergie –

même si ces activités n'ont pas une aussi grande capacité pour brûler les gras que d'autres plus exigeantes. Parmi les façons simples de faire de l'exercice, nous pouvons monter les marches à pied plutôt que de prendre l'ascenseur ou l'escalier roulant, stationner la voiture à une bonne distance de notre destination et marcher le reste du chemin, ou encore nous lever de notre poste de travail toutes les heures pour marcher un peu dans le bureau ou dans la maison.

Dépense d'énergie selon l'activité

ACTIVITÉ	CALORIES/HEURE
Danser	300
Faire de la course à pied	900
Faire de la natation	500
Faire des travaux domestiques	190
Faire du jogging	500
Faire du vélo	400
Jardiner	250
Jouer au football	450
Jouer au golf	250
Jouer aux quilles	250
Laver des planchers	275
Laver les fenêtres	350
Monter à cheval	450
Pratiquer la marche	250
Repasser des vêtements	250
Skier	500
Tondre la pelouse	400

La gamme des poids santé

FEMMES

Taille	1,45 m	4 pi 9 po	1,65 m	5 pi 5 po
Petite stature	40,82 kg – 43,10 kg	90 lb – 97 lb	51,71 kg – 55,80 kg	114 lb – 123 lb
Stature moyenne	42,64 kg – 48,08 kg	94 lb – 106 lb	54,43 kg – 61,24 kg	120 lb – 135 lb
Grande stature	46,27 kg – 53,52 kg	102 lb – 118 lb	58,51 kg – 66,23 kg	129 lb – 146 lb
Taille	1,47 m	4 pi 10 po	1,68 m	5 pi 6 po
Petite stature	41,73 kg – 45,36 kg	92 lb – 100 lb	53,52 kg – 57,61 kg	118 lb – 127 lb
Stature moyenne	43,10 kg – 49,44 kg	97 lb – 109 lb	56,25 kg – 63,05 kg	124 lb – 139 lb
Grande stature	47,63 kg – 54,89 kg	105 lb – 121 lb	60,33 kg – 68,04 kg	133 lb – 150 lb
Taille	1,50 m	4 pi 11 po	1,70 m	5 pi 7 po
Petite stature	43,09 kg – 46,72 kg	95 lb – 103 lb	55,34 kg – 59,42 kg	122 lb – 131 lb
Stature moyenne	45,36 kg – 50,80 kg	100 lb – 112 lb	58,06 kg – 64,86 kg	128 lb – 143 lb
Grande stature	48,99 kg – 56,25 kg	108 lb – 124 lb	62,14 kg – 69,85 kg	137 lb – 154 lb
Taille	1,52 m	5 pi	1,72 m	5 pi 8 po
Petite stature	44,45 kg – 48,08 kg	98 lb – 106 lb	57,15 kg – 61,69 kg	126 lb – 136 lb
Stature moyenne	46,72 kg – 52,16 kg	103 lb – 115 lb	59,88 kg – 66,68 kg	132 lb – 147 lb
Grande stature	50,35 kg – 57,61 kg	111 lb – 127 lb	63,96 kg – 72,12 kg	141 lb – 159 lb
Taille	1,55 m	5 pi 1 po	1,75 m	5 pi 9 po
Petite stature	45,81 kg – 49,44 kg	101 lb – 109 lb	58,97 kg – 63,50 kg	130 lb – 140 lb
Stature moyenne	48,08 kg – 53,53 kg	106 lb – 118 lb	61,69 kg – 68,49 kg	136 lb – 151 lb
Grande stature	51,71 kg – 58,97 kg	114 lb – 130 lb	65,77 kg – 74,39 kg	145 lb – 164 lb
Taille	1,57 m	5 pi 2 po	1,78 m	5 pi 10 po
Petite stature	47,17 kg – 50,80 kg	104 lb – 112 lb	60,33 kg – 65,32 kg	133 lb – 144 lb
Stature moyenne	49,44 kg – 55,34 kg	109 lb – 122 lb	58,97 kg – 70,31 kg	140 lb – 155 lb
Grande stature	53,07 kg – 60,78 kg	117 lb – 134 lb	67,59 kg – 76,66 kg	149 lb – 169 lb
Taille	1,60 m	5 pi 3 po	1,80 m	5 pi 11 po
Petite stature	48,53 kg – 52,16 kg	107 lb – 115 lb	62,15 kg – 67,14 kg	137 lb – 147 lb
Stature moyenne	50,80 kg – 57,15 kg	112 lb – 126 lb	60,79 kg – 72,13 kg	147 lb – 159 lb
Grande stature	54,89 kg – 62,60 kg	121 lb – 138 lb	69,41 kg – 78,48 kg	153 lb – 173 lb
Taille	1,63 m	5 pi 4 po	1,83 m	6 pi
Petite stature	49,70 kg – 53,98 kg	110 lb – 119 lb	63,97 kg – 68,96 kg	140 lb – 150 lb
Stature moyenne	52,62 kg – 59,42 kg	116 lb – 131 lb	62,61 kg – 73,95 kg	150 lb – 162 lb
Grande stature	56,70 kg – 64,41 kg	125 lb – 142 lb	71,23 kg – 80,30 kg	156 lb – 176 lb

Ces chiffres sont une adaptation des données fournies par la Metropolitan Life Insurance Company, New York, 1959.

HOMMES

Taille	1,55 m	5 pi 1 po	1,75 m	5 pi 9 po
Petite stature	47,63 kg – 51,26 kg	105 lb – 113 lb	60,33 kg – 64,87 kg	133 lb – 143 lb
Stature moyenne	50,35 kg – 55,34 kg	111 lb – 122 lb	63,05 kg – 69,40 kg	139 lb – 153 lb
Grande stature	53,98 kg – 60,78 kg	119 lb – 134 lb	67,13 kg – 75,73 kg	148 lb – 167 lb
Taille	1,57 m	5 pi 2 po	1,78 m	5 pi 10 po
Petite stature	48,99 kg – 52,62 kg	108 lb – 116 lb	62,14 kg – 66,68 kg	137 lb – 147 lb
Stature moyenne	51,71 kg – 57,15 kg	114 lb – 126 lb	64,86 kg – 71,67 kg	143 lb – 158 lb
Grande stature	55,34 kg – 62,14 kg	122 lb – 137 lb	68,95 kg – 78,02 kg	152 lb – 172 lb
Taille	1,60 m	5 pi 3 po	1,80 m	5 pi 11 po
Petite stature	50,35 kg – 53,98 kg	111 lb – 119 lb	63,96 kg – 68,49 kg	141 lb – 151 lb
Stature moyenne	53,07 kg – 58,51 kg	117 lb – 129 lb	66,68 kg – 73,94 kg	147 lb – 163 lb
Grande stature	56,70 kg – 63,96 kg	125 lb – 141 lb	71,22 kg – 80,29 kg	157 lb – 177 lb
Taille	1,63 m	5 pi 4 po	1,83 m	6 pi
Petite stature	51,71 kg – 55,34 kg	114 lb – 122 lb	65,77 kg – 70,31 kg	145 lb – 155 lb
Stature moyenne	54,43 kg – 59,88 kg	120 lb – 132 lb	68,49 kg – 78,47 kg	151 lb – 173 lb
Grande stature	58,06 kg – 65,77 kg	128 lb – 145 lb	75,30 kg – 84,82 kg	166 lb – 187 lb
Taille	1,65 m	5 pi 5 po	1,85 m	6 pi 1 po
Petite stature	53,07 kg – 57,15 kg	117 lb – 126 lb	67,59 kg – 72,58 kg	149 lb – 160 lb
Stature moyenne	55,79 kg – 61,69 kg	123 lb – 136 lb	70,31 kg – 78,47 kg	155 lb – 173 lb
Grande stature	59,42 kg – 67,59 kg	131 lb – 149 lb	75,30 kg – 84,82 kg	166 lb – 187 lb
Taille	1,68 m	5 pi 6 po	1,88 m	6 pi 2 po
Petite stature	54,89 kg – 58,97 kg	121 lb – 130 lb	69,40 kg – 74,39 kg	153 lb – 164 lb
Stature moyenne	57,61 kg – 63,50 kg	127 lb – 140 lb	72,58 kg – 80,74 kg	160 lb – 178 lb
Grande stature	61,24 kg – 69,85 kg	135 lb – 154 lb	77,57 kg – 87,09 kg	171 lb – 192 lb
Taille	1,70 m	5 pi 7 po	1,90 m	6 pi 3 po
Petite stature	56,70 kg – 60,78 kg	125 lb – 134 lb	71,21 kg – 76,21 kg	157 lb – 168 lb
Stature moyenne	59,42 kg – 65,77 kg	131 lb – 145 lb	74,84 kg – 83,01 kg	165 lb – 183 lb
Grande stature	63,50 kg – 72,12 kg	140 lb – 159 lb	79,38 kg – 89,36 kg	175 lb – 197 lb
Taille	1,72 m	5 pi 8 po	1,92 m	6 pi 4 po
Petite stature	58,51 kg – 62,60 kg	129 lb – 138 lb	73,02 kg – 78,02 kg	161 lb – 172 lb
Stature moyenne	61,24 kg – 67,59 kg	135 lb – 149 lb	76,65 kg – 84,82 kg	169 lb – 187 lb
Grande stature	65,32 kg – 73,94 kg	144 lb – 163 lb	81,19 kg – 91,17 kg	179 lb – 201 lb

Tenir un registre

Pesez-vous tous les jours à la même heure, préférablement le matin au lever, après être allé aux toilettes. Notez votre poids, en kilos ou en livres, sur les

PÉRIODE DE DEUX SEMAINES COMMENÇANT LE :

Jour	1	2	3	4	5	6	7	Total
Semaine 1								
Semaine 2								
					Poids total perdu			

PÉRIODE DE DEUX SEMAINES COMMENÇANT LE :

Jour	1	2	3	4	5	6	7	Total
Semaine 1								
Semaine 2								
					Poids total perdu			

PÉRIODE DE DEUX SEMAINES COMMENÇANT LE :

Jour	1	2	3	4	5	6	7	Total
Semaine 1								
Semaine 2								
					Poids total perdu			

tableaux ci-dessous. Notez votre perte de poids à la fin de chaque semaine et le poids total perdu à la fin des deux semaines. Vous serez plus enclin à poursuivre le Régime d'amaigrissement rapide ABG si vous pouvez visualiser vos progrès sur un tableau et voir littéralement votre perte de poids.

PÉRIODE DE DEUX SEMAINES COMMENÇANT LE :

Jour	1	2	3	4	5	6	7	Total
Semaine 1								
Semaine 2								
						Poids total perdu		

PÉRIODE DE DEUX SEMAINES COMMENÇANT LE :

Jour	1	2	3	4	5	6	7	Total
Semaine 1								
Semaine 2								
						Poids total perdu		

PÉRIODE DE DEUX SEMAINES COMMENÇANT LE :

Jour	1	2	3	4	5	6	7	Total
Semaine 1								
Semaine 2								
						Poids total perdu		

Foire aux questions

Q **Je souhaite perdre 3 kg (6 ¾ lb). Combien de temps devrais-je suivre le régime ?**
R Tout dépend de la vitesse à laquelle vous perdez du poids. Le Régime d'amaigrissement rapide ABG de sept jours constitue une unité nutritionnelle complète, vous devriez donc le suivre pendant une ou deux semaines, jusqu'à ce que vous ayez atteint votre poids cible. Vous pourrez alors stabiliser votre nouveau poids en suivant pendant deux autres semaines le Régime de stabilisation de votre choix.

Q **Qu'entend-on au juste par unité nutritionnelle complète d'une semaine ?**
R Le Régime d'amaigrissement rapide ABG fournit un peu de tous les aliments dont l'organisme a besoin pendant une période d'une semaine. Bien sûr il est conçu pour déclencher une perte de poids rapide. Vous pouvez consommer des légumes frais à calories négatives en quantités illimitées tous les jours, certains fruits et jus de fruits fraîchement pressés les jours 1, 3, 4 et 7, des produits laitiers le jour 4, des glucides à IG faible et des protéines le reste de la semaine, et ainsi de suite. Voilà pourquoi vous devriez suivre le régime durant une période complète de sept jours ou une période complète de quatorze jours, tel que nous l'avons décrit, avant de suivre le Régime de stabilisation ABG.

Q **Que dois-je faire si je ne souhaite perdre que 1 à 1,75 kg (2 à 4 lb) ?**
R Vous devriez suivre le Régime d'amaigrissement rapide ABG de sept jours même si vous atteignez votre poids cible après un jour ou deux. Ensuite, stabilisez votre perte de poids en complétant le Régime de stabilisation de 14 jours, qui fera office de guide pour une alimentation quotidienne plus saine que jamais.

Q **S'il m'arrive d'être indisposé pendant que je suis le Régime d'amaigrissement rapide ABG, que devrais-je faire ?**
R Faites ce que vous feriez normalement : essayez des remèdes simples pour tout malaise qui dure plus longtemps que quelques heures et consultez votre médecin de famille si les symptômes persistent. Vous ne devriez pas suivre le régime si vous êtes enceinte ou si vous allaitez. Vous devriez demander tout d'abord l'avis de votre médecin si vous avez des troubles médicaux de longue date.

Q **Existe-t-il des effets secondaires au Régime d'amaigrissement rapide aux ABG dont je devrais tenir compte ?**
R Je crois beaucoup aux effets de la suggestion mentale – bon nombre de personnes sont fortement influençables ; leur fournir une liste de symptômes possibles pourrait très probablement les amener à éprouver ces symptômes. Cependant, le Régime d'amaigrissement rapide ABG a un effet légèrement désintoxicant, dont vous pourrez profiter davantage en éliminant la caféine et en buvant au moins huit grands verres d'eau (300 ml ou ½ chopine) par jour. Quelques rares personnes peuvent avoir de légers maux de tête, ressentir de la fatigue ou de l'irritabilité, avoir un goût désagréable dans la bouche et une mauvaise haleine au fur et à mesure que les toxines s'éliminent de leur organisme. Combattez ces symptômes par du repos supplémentaire et de la relaxation, en prenant des petits casse-croûte réguliers, en vous brossant la peau et en vous faisant masser les épaules, le cou et le cuir chevelu.

Q **Je déteste boire de l'eau. Puis-je boire des jus de fruits non sucrés à la place ?**
R Désolée, mais la réponse est non. Le Régime d'amaigrissement rapide ABG a été conçu méticuleusement pour avoir un maximum d'effet pour brûler les gras, et vous devriez manger et boire exactement ce qu'il recommande pour chaque jour. Essayez l'eau du robinet (le goût varie selon les secteurs) et goûtez à différentes eaux de source et eaux minérales (il en existe une grande variété sur le marché). Vous pouvez aussi boire votre eau chaude, réfrigérée, avec de la glace, agrémentée d'une épaisse tranche de citron ou de lime.

Q **J'ai essayé un tas de régimes depuis que j'ai eu mes enfants, mais je n'ai jamais réussi à perdre plus de 0,5 à 1 kg (1 à 2 lb). Pourquoi devrais-je avoir plus de succès avec le Régime d'amaigrissement ABG ?**

R Vous n'avez pas échoué par le passé : ce sont les régimes qui ont échoué, et non le contraire. Vous avez toutes les chances de succès avec le Régime d'amaigrissement rapide ABG, puisqu'il a été spécifiquement conçu pour brûler les surplus de graisse de l'organisme qui ont résisté aux autres régimes. Il y parvient en ciblant les effets sous-jacents au métabolisme lent et en amplifiant la capacité de l'organisme à brûler la graisse.

Q **Je me marie dans trois mois et je veux perdre 19 kg (42 lb) rapidement pour que je puisse acheter une robe de mariage d'une taille plus petite. Puis-je me contenter de suivre le Régime d'amaigrissement rapide ABG jusqu'à ce que j'aie atteint mon but ?**

R Je comprends parfaitement vos raisons de vouloir perdre rapidement un surplus de graisse, mais ce n'est pas la bonne façon de s'y prendre. La plupart des personnes en forme pourraient probablement suivre le Régime d'amaigrissement rapide ABG pour une durée considérablement plus longue que deux semaines sans connaître d'insuffisances alimentaires, mais l'action qui donne à ce régime son pouvoir « brûle-graisse » restreint l'apport de nombreux aliments normalement appréciés dans une diète santé. Aussi, il a été maintes fois établi que la graisse s'élimine plus rapidement lorsqu'on alterne les deux semaines du régime pour brûler les gras avec les deux semaines du régime de stabilisation. Le mieux pour vous serait de suivre les régimes tels que nous les décrivons et d'inclure des exercices pour brûler les gras (voir page 119) dans vos activités quotidiennes. En outre, vous pouvez prendre tous les jours des suppléments de multivitamines et de minéraux, en plus de 400 microgrammes de picolinate de chrome.

Q **Je ne mange des produits laitiers sous aucune forme, mais je prends mon calcium et mon magnésium des légumes-feuilles verts et d'un supplément (quand je n'oublie pas de le prendre). Que puis-je faire le jour 4 du Régime d'amaigrissement ABG, où seul des bananes, du lait écrémé (et du potage) sont prévus ?**

R Vous semblez être à risque de développer un manque de calcium, ce qui peut affaiblir les dents et les os et entraîner des maladies des os ainsi fragilisés (ostéoporose) au mitan de la vie. Si vous n'aimez pas les produits laitiers ou si vous ne pouvez pas en prendre, vous devriez y substituer du lait dérivé du soja, ainsi que du fromage, des yogourts, etc. Je vous suggère d'apporter ce changement à votre régime tout de suite et d'utiliser un lait de soja à teneur réduite en matières grasses en remplacement du lait de la vache. Il existe des formules de remplacement au lait de soja ; ce sont des « laits » à base d'orge, de riz et de blé. Cependant, vérifiez leur teneur en vitamines et en minéraux. L'organisme d'une personne dans la vingtaine a besoin quotidiennement d'environ 1000 mg (1 g) de calcium et d'environ la moitié de cette quantité de magnésium – la quantité requise par l'organisme augmente avec l'âge.

Q **Je ne supporte pas les légumes, sauf les pois congelés. Puis-je quand même suivre le Régime d'amaigrissement ABG ?**

R Les légumes sont un élément essentiel du Régime d'amaigrissement ABG et vous ne pouvez pas ne manger que des pois tout le temps (ou des fruits de substitut). Et, à moins que vous ne consommiez une grande quantité de fruits de manière naturelle, vous risquez d'avoir une carence en vitamines et en minéraux, éléments que fournissent les légumes. Essayez des légumes à saveur douce cuits vapeur, tels que du rutabaga ou du navet, des haricots verts, des pousses de bambou et des fèves germées (voir la liste des aliments à calories négatives, page 27), ou faites-les cuire dans un peu de bouillon de poulet clair et dégraissé (voir page 37). Pour varier, vous pouvez réduire les légumes en purée dans un mélangeur en y ajoutant un trait de sauce Worcestershire. Des feuilles croquantes de laitue ou de cresson agrémentées de la sauce fermière (voir page 80) pourraient fort bien stimuler vos papilles gustatives, surtout si vous ajoutez à votre salade quantité d'herbes fraîches de votre choix. Cependant, choisir une grande variété d'aliments que vous aimez constitue une des conditions essentielles à la réussite du régime, qui est de perdre de la graisse pour de bon. Si vous ne pouvez vraiment pas vous habituer à aimer les légumes, alors le Régime d'amaigrissement ABG n'est pas pour vous.

125

index

127

Remerciements

Octopus Publishing Group Limited/David Jordan, page couverture à droite, page couverture au centre, page couverture au centre droite, page 6, en bas à droite (se répète ailleurs dans le livre), page 6 en bas à gauche (se répète ailleurs dans le livre), page 6 en bas centre gauche (se répète ailleurs dans le livre), page 6 en bas centre droite (se répète ailleurs dans le livre), page 7 en bas à droite (se répète ailleurs dans le livre), page 7 en bas à gauche (se répète ailleurs dans le livre), page 7 en bas au centre (se répète ailleurs dans le livre), page 7 en bas centre gauche (se répète ailleurs dans le livre), page 8 en bas à droite (se répète ailleurs dans le livre), page 8 en bas à gauche (se répète ailleurs dans le livre), page 8 en bas au centre (se répète ailleurs dans le livre), page 8 en bas centre gauche (se répète ailleurs dans le livre), page 8 en bas au centre (se répète ailleurs dans le livre), page 9 en bas à gauche (se répète ailleurs dans le livre), page 9 en bas au centre (se répète ailleurs dans le livre), page 9 au centre gauche (se répète ailleurs dans le livre), page 9 en abs au centre droite (se répète ailleurs dans le livre), page 29 à droite, 36, 39, 53, 57, 58, 71, 74, 78, 82, 84, 90, 92, 93, 95, 97, 98, 104, 107/Ian Wallace, page couverture centre gauche (se répète ailleurs dans le livre), page 6 en bas au centre (se répète ailleurs dans le livre)/ Jeremy Hople, page couverture à gauche (se répète ailleurs dans le livre), page 7, en bas centre droite (se répète ailleurs dans le livre), page 9 en bas à droite (se répète ailleurs dans le livre).